图片来源：东方IC

鹿晗

在众人的包围圈里，他显得有点羞怯，从眼眸到姿态都像一只刚被人从丛林中拎出来的梅花鹿。

吴亦凡

年轻而敏感的灵魂总在追逐自由,
生活再风平浪静,也掩盖不了这颗渴望万里奔袭的心。

图片来源:东方IC

黄 渤

不是黄渤长了一张时代的脸,
而是这个时代长了一张黄渤的脸。

图片来源:东方IC

胡 歌

人们总是更乐于目睹一个
关于"英雄穿过黑暗丛林"最终"完成"自己的故事。

白岩松

新闻人骨子里头要有一种史笔,
历史的史,
史笔。

图片来源:东方IC

韩寒

这是一个有了风,猪都可以飞起来的时代,可我不想做一只飞猪。

黄 磊

我们一生会有两次别离：一次别离是走到生命尽头，跟世界告别；一次别离是人到中年，跟过去告别，这次叫小别离。

李亚鹏　　如果有承受的能力，就多承受一点吧！
　　　　　　因为人生没有什么东西是如果你不想承受就可以不承受的。

忙碌的人
逗着忙碌的时代

《人物》杂志 著

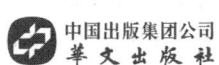

图书在版编目（CIP）数据

忙碌的人逗着忙碌的时代 /《人物》杂志著. —— 北京：华文出版社，2018.2
 ISBN 978-7-5075-4853-2

Ⅰ.①忙… Ⅱ.①人… Ⅲ.①文化工作-生平事迹-中国-现代②文艺工作者-生平事迹-中国-现代 Ⅳ.①K825.4②K825.7

中国版本图书馆CIP数据核字(2018)第024417号

忙碌的人逗着忙碌的时代

作　　者：	《人物》杂志
责任编辑：	杨艳丽　李　化
出版发行：	华文出版社
地　　址：	北京市西城区广外大街305号8区2号楼
邮政编码：	100055
网　　址：	http://www.hwcbs.com.cn
电　　话：	发行部 010-58336202　编辑部 010-63426125
经　　销：	新华书店
印　　刷：	三河宏盛印务有限公司
开　　本：	787×1092　1/16
印　　张：	18.5
字　　数：	180千字
版　　次：	2018年3月第1版
印　　次：	2018年3月北京第1次印刷
标准书号：	978-7-5075-4853-2
定　　价：	49.80元

版权所有，侵权必究

目 录

序言　打开这本书，你会落入故事的长河

辑一

时代

／

大家都在忙什么

鹿　晗
"鹿晗效应"背后 / 003

吴亦凡
回家 / 018

岳云鹏
相声阿甘，获得命运眷顾之前 / 031

黄　渤
忙碌的人逗着忙碌的时代 / 054

辑二

坚持

／

起落之后，依然热爱

胡　歌
逃跑者 / 065

白岩松
守夜人 / 102

陈　坤
一个贫穷而美貌的男人在这世上可能遭遇什么 / 124

辑三

自信
/
我正在做的事很牛

姜 文
宠与失 / 141

冯 唐
在北京城遛大毛怪 / 161

韩 寒
迭代 / 173

窦文涛
山上方七日,世上已千年 / 197

辑四

变化
/
精彩有尽时,人生是无常

孟 非
浪中之石 / 213

黄 磊
一次别离 / 225

唐家三少
在失控与控制之间 / 236

李 健
大时代与小确幸 / 249

李亚鹏
父亲的力量 / 258

序言

打开这本书,你会落入故事的长河

　　《人物》杂志呈现这个时代最扎实细密的故事。故事里的每个人身上都闪着时代的微光。我们致力于提供中文世界最好的人物报道,在每个故事里都穷尽了我们所能穷尽的一切。

　　抵达故事的过程从来都是艰苦的。没有一个故事不需要在别人的世界里跋山涉水,架路搭桥。《人物》用的是最笨也最有效的方式。

　　我们相信时间,相信只有足够的时间,才会在某个瞬间换来与对方的心意相通。在某个时刻,也许只是天光正好,也许只是被触动了心绪,他突然愿意开敞,讲述一个属于自己的故事。

　　所以我们会反复去纠缠,去索取,去忍受沉默和尴尬,去切割每一分每一秒,等待那个如同神启的时刻。那个时刻之后,我们才能在一个丰盈的故事里顺流而下。

　　我们信奉专业主义。坚持做一篇封面报道,至少做20人以上的有效周边采访。这也许刻板,但数字不仅仅是量化的标准,往往会是质变的依赖。人心是如此复杂反复,没有镜像和对照,没有那些劈头盖脸,大喝一声,把我们从迷雾里捞出来的外围,我们往往会扎在人性的迷宫里晕头转向。他们依靠多年的相处经验,或者只是依靠那天然的善于看透人心的能力,提供了极好的细节和维度。

　　怎么说呢?采访永远有暗流涌动,有峰回路转,有沮丧,有无奈,有狂喜,有丝丝入扣的真诚,也有坚如磐石的拒绝。险阻在此,魅力也在此。

　　这是一场人心的试探和搏斗,但后来都有了惺惺相惜的诚意。

结束长谈，是从采访对象的生命里做了一次退出。有了如此的亲密和共担，也只不过是握手道别，也许再也不见。但长谈的时光，在两个人的生命里都有了一次印记，是两个人私密不设防的高光时刻。

《人物》的采访永远是消耗性的、灭绝性的穷尽。当所有的采访完成，捆扎起来是打包一个人的人生重量。

当记者面对几十万字的录音，用word整理成一本书的模样。反反复复去阅读，却迟迟不敢下笔，那是对那份诚意和不设防的敬畏。

故事永远不只是故事，它身上携带着人性和时代的气息。如何把故事讲好，如何把这种气息笼罩其中，如何搭建故事的大厦，又呈现人性的曲折幽深。

这是永远没有尽头的工作。永远可以做得比现在发出来的稿子更好，如果能给我更多一点时间。永远有缺憾，又永远无法彻底弥补。这是一份充满诗意的工作。当你进入别人的人生，写出别人的故事，你也会在某个时刻有一个凝神。一个辽阔的生命，像是一个助力，让你看到生活的至高至远之处。

回到这本书，这是《人物》杂志萃取出来的精华。他们都是名人，都是在这个时代可以钉下一点印记的人。他们被书写过无数遍。没关系，这不重要。《人物》杂志的书写是不一样的。它不完美，但有着自己的生气勃勃和难以抵御。

相信我。每一篇都会有让你凝神的时刻，每一篇都会让你看到人性的真实、复杂和缺憾。每一篇都会让你看到细节的繁树生花，看到语言的精准锋利。总会有东西从你眼前跳出来，击中你。我们是一个传导器，人生的电流经过我们流向你。

愿你喜欢我们的传达。

《人物》主编　张寒
于2018年1月1日夜

辑一

PART 1

时代

...

大家都在忙什么

鹿晗

"鹿晗效应"背后

在波德里亚的消费文化理论分析下,粉丝与偶像之间企图通过"消费"和"占有"的方式获得一种所谓的安全感和幸福感。

越来越强大的女性

20世纪20年代美国心理学家爱德华·桑戴克（Edward Lee Thorndike）提出光环效应（halo effect），认为粉丝会将偶像的样貌泛化到他们的言行举止上，颜值高的人，一切仿佛都是美好的。长期研究粉丝心理的学者、厦门大学中文系教授杨玲认为鹿晗这样偏中性、精致的男性长相属于"泛东亚柔和男性气质"。这样的审美偏向最先由韩国造星机制引领。近两年在中国掀起的大批"小鲜肉"明星潮流的背后，隐含着女性自我地位认知的提高。

"20世纪80年代初，最先掀起的是寻找男子汉热潮。"杨玲对《人物》说，当时最推崇的偶像是高仓健这样的"硬派小生"。90年代中后期，女性变得更强大。尤其在独生子女一代，女权主义思想兴起，她们觉得自己真的和男性没什么两样，性别权利意识使得她们能够接受比较柔弱的男性的形象，甚至对这种男性形象保有强烈好感。10年前引起大规模粉丝追随的中性气质偶像是李宇春。现在相比10年前，90后的女性性别权利意识进一步提高。"女性已经强大到能够保护自己，不需要男性保护自己的时候，她才能够欣赏相对而言外形上柔弱的男性。"杨玲说。这恰恰促成了"小鲜肉"审美的形成，使其成为当下社会最流行的审美风尚之一。

自我意识的提高使粉丝将偶像移情为需要保护的"孩子",自己也曾是超女粉丝的杨玲记得,当时"玉米群体"中的老老小小都将李宇春称作小孩,尽管她出道时已经是个21岁的成年人了。现在"鹿饭"(鹿晗粉丝)群体也一样将鹿晗当成"孩子"来"呵护",在他们心里,鹿晗是单纯的、无害的、易受攻击的。尽管生长于北京的鹿晗常以"哥"自居,但对粉丝们来说,"鹿哥纯爷儿们"这句话早已发展成了内部笑话。

虎嗅网曾以鹿晗微博关注者为分析对象为"鹿饭"画像,"鹿饭"53%是90后,其中女性占八成。提取大数据,结合智能分词提炼"鹿饭"钟爱鹿晗的原因,"努力"和可爱、萌、帅、好看这些外貌协会的理由并列排在很靠前的位置。

"鹿饭"子瑾能细细地描述出每一次鹿晗身体不好的具体场景。她第一次为鹿晗落泪是在EXO第一次巡回演唱会的准备期,离"一巡"还有8天的时候,组合里有成员突然退队,整场演唱会的31段舞蹈都要在一周内重新编排。当时子瑾正在台湾游学,刷微博刷到这条新闻,"还记得是在图书馆,看了之后蒙了","那天晚上到了凌晨5点才睡着,就是一直在看各种消息"。"一巡"最后一站来到北京,鹿晗带病上台,眼结膜出血、流泪、左眼下方肿起了一个很明显的包。"哭死我了",子瑾说,"就是真的真的很心疼。"

2013年鹿晗生日那天,"鹿饭"群体爆发了一次集体痛哭事件。那天EXO在南京有演唱会,"鹿饭"组织了很久,准备演唱会当天给鹿晗制造各种惊喜。没想到"4·20"那天发生了雅安地震。演唱会主办方宣布,禁止一切庆祝活动。"不准唱生日快乐歌,不准送蛋糕上台,连我们拉出'鹿晗生日快乐'的横幅都要把'生日'遮掉",当时在现场的鹿晗百度贴吧管理员南南对《人物》

说。网上甚至有恶意言论攻击鹿晗是"扫把星"。

演唱会结束后,南南不愿意离开,"就是单纯地想多陪他一会儿","我也知道他可能已经从后台离开了,但我想让他知道我在这里"。"鹿饭"举起"鹿"字LED灯牌,在空空荡荡的体育馆齐声唱起生日快乐歌。这时有人发现鹿晗更新了微博签名,内容大概是在后台听到歌声了,谢谢粉丝。这条消息引爆了在场"鹿饭"的集体崩溃,"姑娘们都哭得不行了,边哭边喊"。她们既为和偶像心意相通感动,也因鹿晗的体贴更加心疼。时至今日,当时的视频仍是所有"鹿饭"的泪点,子瑾给《人物》记者发来视频地址时自己又看了一遍,"哭死我了"。

在鹿晗以前,明星的成名模式是作品先行、媒体宣传、话题营销,其中要借助经纪公司的包装和精心策划。社交媒体的出现把这一传统过程砍到最短,粉丝成了偶像的直接经营者。他们不需要作品来证明偶像的实力,而是被偶像的外表和人格表现直接圈粉,反向引爆于大众媒体,通过在各类大数据排行中不断"刷脸",倒逼媒体关注。"这是一个正在发生的、非常有趣的事情:一种新的互联网造星模式开始冲击中国的娱乐经济。"吴晓波在一篇专栏文章中写道。

鹿晗是谁

新浪微博热搜以"鹿晗"为话题的阅读量超过300亿,第二名169亿,如果把这两年全中国搜索数据拿出来分析,那么,"鹿晗是谁?"这个问题一定做出了不小贡献。

2013年年中，这个问题第一轮爆发。那时鹿晗还在韩国发展，除了追着韩流走的粉丝和嗅觉灵敏的黄牛，几乎无人认识。他先发了5条新浪微博，最后1条评论突然超过100万。与之相比，当时大家公认的微博女王姚晨爆出热点时微博评论也不过40万。新浪副总裁被问及"这是单条微博评论量最大的了吧"时给出了一个汗的表情，"干吗的这人？"他问。没人知道鹿晗是哪儿冲出来的黑马。

百度对2014年度"男星品牌数字资产"一项进行大数据计算，根据数字内容量、关注度、参与度三大维度的综合评估，鹿晗这个名字从数以千计的明星中脱颖而出，夺得第一。在2014年男明星搜索指数排行榜上，鹿晗超过了一众前辈名列前茅。这次是百度发问"鹿晗是谁？"百度搜索市场部的工作人员对经济学家吴晓波说，"他是自己从大数据里跑出来的"。

2014年，鹿晗宣布回国。"鹿饭"为了表达对偶像的支持，在百度贴吧发起了"百万回帖，力挺鹿晗"的"盖楼活动"，同时在线下东直门来福士门前的3.2米大型鹿晗公仔会随着回帖数增加而亮灯，回帖一达到百万，公仔就会彻底揭开面纱。贴吧里有线下展出实体公仔场地的实时录像，东直门现场的LED屏幕也交叉循环展示着鹿晗宣传视频、帖子回复内容和实时回复数量。活动开始前的动员帖中，组织者一再叮嘱粉丝们要追求速度，最好发短句子，标准例句有"我必初心不忘，等你光芒万丈"等。活动一开始，粉丝们不断复制粘贴。贴吧留言15分钟破10万，29分钟20万，149分钟后，回帖数量突破百万，东直门的鹿晗公仔头顶鹿角、手持国旗完整亮相。线上线下一片欢腾，跟除夕夜翻篇过新年似的喜气洋洋。

各种大数据不断地为鹿晗在公众领域刷存在感：鹿晗做封面的杂志预售7分钟卖出1万本；鹿晗单条微博评论突破1000万，继而突破1个亿,自己打破自己创下的吉尼斯世界纪录;鹿晗微访谈提问113万条,被他本人"翻牌"回答的概率比中双色球二等奖还低。

"达令"App的CEO齐燕2014年做了一次数据统计,鹿晗的知名度在27岁这个坎上有个断裂。"我记得特清楚,27岁之下的人都知道鹿晗,27岁以上的,没有一个认识他,"齐燕说,"那是2013年,2014年就不一样了。"

300亿次搜索后,全年龄层的互联网用户多少知道了鹿晗是谁:一个从韩国回国发展的偶像明星,能唱歌跳舞,会演戏,长相非常好看,人称"小鲜肉"。用肉指人,多少有点物化的意思。鹿晗并不介意,"小鲜肉很好啊,夸我嘛,证明我青春活力。"他对《人物》说。

《人物》约见鹿晗与芭莎慈善夜是同一天。大小鲜肉们一并到齐,国贸三期的犄角旮旯里都藏着粉丝,芭莎工作人员发朋友圈说:"地毯式排查,桌子下还抓出来俩,厕所一个个查,快成特保了。"而鹿晗本人完全没有呼风唤雨的"神"该有的气势,他面对镜头还有几分拘谨,拍摄间隙他频频向工作人员鞠躬感谢,在众人的包围圈里甚至显得有点羞怯,从眼眸到姿态都像一只刚被人从丛林中拎出来的梅花鹿。

"达令"曾分析过鹿晗的"好看",结果是鹿晗特别精致的、小小的五官,长得像漫画里的人。"这代人就是看着漫画长大的,漫画对他们来讲是精神家园,其中有他们的理想、喜好和喜欢的人。进入社会之后,精神家园就成为他们身体里的一部分了。而鹿晗代表着启动他们心灵的钥匙。"齐燕对《人物》说,"他长得太像漫画里的人了。"

但这仍不能解释一代"鲜肉"中,为什么唯有鹿晗掀起了一波波的现象级事件。偶像身上的吸粉元素被杨玲称作"X factor",娱乐工业产业化发展到现在,这一"X factor"仍是明星制造中无法掌控的因素。

"鹿晗开始也是娱乐工业机制包装出来推向市场的产品,肯定是粉丝在他身上发现了独特之处,不是标准化的明星产品,于是对他产生了亲密感。"杨玲说。

《人物》采访了鹿晗的好友高苏尧和多位"鹿饭",反复提到的一个词是"真实"。在一个小时的电话采访里,高苏尧讲了15遍"真实","真实啊,简单啊,真的是非常简单的一个人",他一再向《人物》强调,从他高中认识鹿晗到现在,鹿晗的性格和为人处世毫无变化,"就一直是一个很真实的人,对。"

面对《人物》的采访,鹿晗看完采访提纲直喊太深度了,"怎么办?"小鹿抱头,"我看的书比较少,我觉得看完这个采访提纲以后要多读书。"玩笑也好调侃也好,鹿晗都会在脑子里想过一遍再认认真真地回答,他清澈的眼神太有说服力,哪怕最后的答案还是"不知道",你都仿佛能听见他认真思考的声音。

近乎笨拙的真诚给很多接触过他的人留下了深刻印象。齐燕提到,当鹿晗直视你的眼睛微微笑时,"感觉就是掏心掏肺要扒出来给你看那种"。"非常纯净、非常真诚,我只能这么形容,再说下去就肉麻了。"已经当妈的齐燕在电话里笑得像个小女生。

齐燕记得跨年晚会鹿晗唱劈了。"一般像我们这代人,肯定觉得特别接受不了,闭门思过三天,哭得不行了。我记得他回去发了个微博,就说'嘿嘿不好意思唱劈了',这种态度是一种特别大的魅力。"她觉得这是我们这代人身上特别普遍的性格特征，在鹿晗身上以最完美的方式表现了出来。"为什么跨年龄段的人都喜欢他呢，这种特征其实是60后、70后、80后都特别向往的，自己得不到的。我觉得这是他身上非常有魅力的地方。他不装，做他自己。"好看与真实经常对立，但在鹿晗身上，这两个元素统一起来成为了他的 X factor。

鹿晗粉丝曾总结过"鹿晗效应"与过去其他明星效应的最大区别，"鹿晗效应"粉丝自主性更强、向心力更强，从而能为明星生产社会价值。这种社会价值已经不仅仅局限在经济范围，它还能产生精神凝聚力并具有积极的价值观导向。

"正能量"，鹿晗对《人物》反复提到这个词，他认为给青少年树立一个健康向上的榜样是偶像的责任。"因为我本身比较爱国，我也比较正，所以我希望我能带领喜欢我的人……"他琢磨一下，又换了个词，"希望是传染吧，比较正的观点。作为一个偶像我觉得这些都是必要的，不能教坏啊！"他尾音一扬，哈哈哈地笑起来。

鹿晗对人很有礼貌，粉丝曾把他有教养的举止一一罗列：用过的纸巾叠好放进口袋不乱扔；签名用完笔以后，笔尖朝向自己归还给别人；用双手递接物品；等等。供大家一条条模仿学习。鹿晗热衷公益，粉丝们就自发以鹿晗的名义行善。他们发起关爱阿尔茨海默病老人行动，几年公益做下来，涉及领域从给路边老人送腊八粥、捐书捐衣、助养海龟到救助灾区、向防癌协会捐款、免费午餐，等等。2015年鹿晗生日时录了个视频感谢粉丝，他说粉丝做的公益他都能看到，也很感动，"真的，这样让我也感觉到我真的确实挺有用的"。

在杨玲看来，粉丝喜欢鹿晗这样的偶像体现出大众对贵族气质的向往。尤其对于当代中国来说，以前以吃苦为荣，现代人慢慢意识到贫困其实不是一件好事情，"特别是在幼年时候经历过的一些贫困对你的人生和性格会有负面影响。而从小生活优裕能塑造一种良好的品行和家教，中产的生活方式对人的心灵是有好处的。"杨玲说，现在人都想过上体面和有尊严的生活，这一点反映在偶像崇拜上就是粉丝会特别强调明星的教养。"中国社会竞争压力太大了，强烈的竞争压力下很多人会释放出人性恶的一面。强调教养更多的是对世俗名利的淡然超脱，对他人的尊重，不会为了自己的私利压榨别人。"

在"鹿饭"子瑾眼里，鹿晗不争不抢。哪怕在韩国激烈竞争的娱乐工业中生存时，鹿晗也没有表现出任何张牙舞爪。让子瑾印象深刻的是刚出道时整个组合一起上节目。"他特别呆萌，主持人给他一个个人镜头，一分钟，结果他居然没能好好利用那一分钟，一直拉着队友和他一起入镜头。"子瑾对《人物》说。那时她刚开始注意鹿晗，后来发现这是常态，直至现在都是这样。

谦逊有礼，这也是齐燕对鹿晗的印象。"就是中国邻居家那个教养特别好的孩子。有时候周末需要工作，我就带着女儿去，就觉得他跟我女儿玩得挺好的，非常有邻居大哥哥的感觉。"

教主鹿晗

媒介受众与粉丝文化研究学者麦特·希尔斯（Matt Hills）在《迷文化》一书中指出，粉丝对偶像的着迷与虔诚的宗教信仰者相比较，两者投入其中的根基来由十分的相似。在这个意义上，现代

"迷文化"是在信仰缺失的情境中对信仰力量的吁求,它以对偶像的制造代替了对神灵的敬畏,以青年亚文化群体的部落式存在代替了由信念系统统一支配的传统社会存在。

鹿晗百度贴吧管理员南南认为,粉丝和偶像的关系中最特别的是少了现实关系中付出与回报的期待,这是一种非常容易满足的关系。"我对他的喜欢就建立在我喜欢他,他的存在和他做的事情本身就让我觉得足够了。"

鹿晗是南南"追"的第一个明星,"也会是最后一个"。喜欢鹿晗以前,南南是一个生活中充满"美好情绪"的人,比如北京连续雾霾几天,哪天出门抬头望见蓝天就能开心半天。但鹿晗带来的"美好情绪"还是与这些不同,鹿晗的存在本身让她的情感更"充实"。"我喜欢他,想到他的时候会有心流上的一种充实感",她笑了一下,觉得"心流"这样的表达太抽象,"也不是说生活上遇到一些挫折会希望他来帮我解决,这个肯定是不现实的。比如说我现在的这个人生阶段,考试这些有压力的事还是要我自己来承受的,只是说他这个人的存在让我想起这个人的时候觉得很充实很满足"。

"我们没有任何一个人可以直接接触到他,这是我们关系的绝对对立。"南南很满意和鹿晗之间的关系,既不需要更加接近,也不会因为距离的存在渐行渐远,"我的热情呈现出一种有增无减的状态,只要我们之间的关系让我觉得我可以继续走下去,我有足够的热情去喜欢他,只要我可以保持这种状态,我们的关系一定是好的。"保持并不难,因为关系的基础完全只关乎鹿晗,南南毫不掩饰地说:"既然他本身就是这个人的话,他没有什么变化,我应该也没有什么变化。"

鹿晗百度贴吧的日常事务管理非常繁杂,南南说压力再大,一想到大家都是为鹿晗好，就觉得所有事情都能解决。"粉丝群体特别就是没有功利心吧，大家都是用业余时间做这些事，只因为喜欢这个孩子，完全没有利益牵扯。"南南说，2014年鹿晗生日那天的演唱会上她也哭了，她流泪不是在知道鹿晗听到了大家唱歌的那刻，而是因为在事先没有任何计划的情况下，她发现演唱会散场后所有的"鹿饭"都没有走，"真的就是不约而同，也没谁带头""原来大家想的都一样，都想陪着他"。

杨玲认为粉丝组织中撇去功利心的这种单纯的情感付出近似"乌托邦"，"人多多少少会向往这样的氛围，团结友爱，目标统一"。

鹿晗和"鹿饭"之间的关系较一般的偶像与粉丝更加亲密。鹿晗把粉丝当自己人，"有的时候你会看到他在媒体的镜头前，非常紧张，但是呢，比如说他做了一个粉丝的见面会，或者做了一个都是粉丝的专场，你就会发现他非常放松，状态非常好。"鹿晗的好友高苏尧对《人物》说。

另一方面，"鹿饭"对鹿晗的"移情"特别突出。鹿晗评论过亿的那条微博被"鹿饭"称为"红魔聊天室"。打开红魔的评论，500万页随手翻，看到的几乎全是表达正面情绪的留言。南南数不清自己在"红魔聊天室"留过多少条评论，但她确定每次写上去的话一定是积极的。"大家发的东西很多，很快就冲掉了，不知道自己的东西会不会被他看到，但是就会有一个和他交流的感觉。负面情绪我不太敢写。万一他刷一下就正好刷到那条怎么办？我希望他所看到的东西都是比较正面比较开心的。"她会写天气很好，自己现在做事状态很好，你最近工作太多要注意身体，但不会提一句让自己难过的事情。

在互相传递正能量这点上，鹿晗与粉丝心意相通。他说不开心的时候就看看评论，看到加油啊之类的留言，心情很快就会好起来。"有时候我压力比较大，或者遇见坎坷，粉丝也是会让我去正视自己、能够向前的一种动力，而且他们会有比较低落的时候，我也会去影响到他们，双方互相影响。"鹿晗对《人物》说。

在波德里亚的消费文化理论分析下，粉丝与偶像之间企图通过"消费"和"占有"的方式获得一种所谓的安全感和幸福感。在鹿晗与"鹿饭"之间的体贴——心疼机制建立后，"鹿饭"想要为鹿晗做更多事情。这种参与性的强度会因为他们通过对偶像的过度消费行为获得安全与占有感而不断增大，而偶像也能通过消费自我获得幸福。

这种强互动性支撑鹿晗效应不断发生。鹿晗成为"达令"董事后，鹿晗效应给了第一次创业的齐燕巨大的惊喜。"我是做品牌出身的，我们做品牌的一辈子能做出一个品牌来，做到最高级别，消费者跟品牌之间的关系，最顶点我们叫移情，就是因为喜欢这个品牌所以喜欢这个品牌所有的东西，而且我愿意为这个品牌去传播去推广。"齐燕说，鹿晗加盟"达令"后，"鹿饭"一夜之间大量涌入，他们自己给自己起了一个名字叫"达令老板娘"，"等于一夜之间我们品牌有了一批种子用户，而且这些种子用户对我品牌的认知，到体验到美誉，到重复体验到移情，所有的步骤，一夜之间一下就达到最顶点了。"她观察全球的很多成功的品牌，任何品牌的发展都是渐进性的，"我从来没见过这种跨越式的"。

更愿为情怀或者理想买单的90后

在吴晓波这个70后严肃作者的眼里，90后的鹿晗和他的粉丝群并不像人们习见的那么肤浅或脑残。鹿晗的粉丝理性而有纪律。

每逢芭莎慈善夜这样群星闪耀的场合，鹿晗贴吧都会出教程，内有五点指示，每条八字箴言，教粉丝如何最快占领热门转发和热门评论。例如要"紧随官博，避轻就重""抢占先机，延续热度"，等等。教程里特别嘱咐粉丝评论要重视质量，"从公益正能量、时尚风格、作品推广等方面多准备重点突出、逻辑清晰的优质评论，不擅长撰写评论者迅速跟进点赞，丰富热评内容多样性"。《奔跑吧兄弟》宣布由鹿晗顶替包贝尔时一度出现了很多质疑，一旦出现营销号"黑"鹿晗的负面评论，粉丝们就一哄而上把证明鹿晗运动天分好和没有偶像包袱的视频链接发上去，大家集中点赞这些"安利"，这样路人点开评论，看到的都是这些正面的热评。除了憋个大招破纪录外，每逢周五鹿晗发微博，"鹿饭"的"工作"就是特别用功地评论转发和点赞，希望偶像的每条微博都能上单个小时榜和24小时榜的第一名。她们会在粉丝群体内部玩起游戏，比如一个人先转鹿晗微博说，我们开始打麻将，下一个人就接着转出牌，"三条""红中""九筒""碰"，左边接着右边，玩起线上麻将、连字接龙或是一人一句地接鹿晗的歌词。"这样也能玩得很开心，特别好玩儿，'鹿饭'是一个超级有爱的家庭。"子瑾对《人物》说。

在吴晓波看来，在这个有些人经常无视规则的社会，"鹿饭"

还遵守着自定的规则，同时拥有不可估量的巨大消费力。"这就是新时代的偶像与粉丝。就是这群没有经历过短缺经济的典型的90后——天生的中产阶级潜质拥有者、互联网的原住民——将互联网的商业浪潮无可抵挡推向娱乐时尚界。"吴晓波在一篇名为《看90后的"鹿晗们"如何改变世界》的文章中说，这群在长辈眼里不靠谱不着调的小孩已经开始影响世界的走向，"他们正在改变这个世界。"

鹿晗生于1990年。齐燕向《人物》分析了90后一代的共性，以鹿晗为代表的这一代年轻人跟1985年前出生的那代人都不太一样。90后的父母生于20世纪60年代，这是幸运的一代人，他们赶上了中国经济自由发展的那一时期。"90后在成长的过程中，整个社会是一路向上没有太多动荡，正好赶上中国经济腾飞的时候。一路没有饥馑，没有灾难，一直很平稳很乐观这么走过来。"

相比之下，1985年前出生的人，父母却成长于非常困难的时期。标准80后受到的教育有两条准则："考大学"和"省点花"。尽管只相差5到10岁，80后相比90后更注意性价比，更谨慎也更接地气。而90后这代人因为从小对物质不那么饥渴，他们更愿意为自己的情怀或者理想买单，为自己精神上的满足付出代价，就像"鹿饭"为鹿晗无限付出一样，哪怕这个代价最后回来的不是金钱。"所以他们活得更自在，更真实，更不容易随波逐流。"齐燕说她将其称作90后的"底层密码"（insight），90后的底层密码就是愿意为美好的、理想中的东西买单，"这个特性比较靠近国际化的用户。'达令'选择邀请鹿晗为董事，看中的不仅是他的粉丝影响力带来的经济上的回报，更多的是把鹿晗视作这代人的标杆，我们希望社会里有这样一个跟我们核心人群接触的人，他的insight对我们非常重要。"她说。

"我们原来说90后觉得好小,其实他们现在已经25岁了,他们已经成长为核心用户群体了。"齐燕感慨。

2015年9月25日的首唱会上,鹿晗抱着微博评论过亿的吉尼斯世界纪录证书,主持人问鹿晗的感受时,他说:"真的非常感动,非常感谢大家对我的支持,"(停顿)"这让我觉得(未来)真的会有无限可能性吧!""也会激励我更加努力地突破自己。"台下的粉丝对他比起大拇指,他朝四面鞠了四次躬,左手话筒右手证书,仍艰难地向粉丝比着爱心。

吴亦凡

//

回家

一个年轻而敏感的灵魂,
乐于在规则内追求自由表达,历经万难,
最终获得渴望已久的归宿感。

沉默的孩子

2007年，看着儿子在温哥华列治文的别墅渐渐适应生活，吴亦凡的母亲第一次感到稳定和满足。她似乎能在这座房子里看到一条漫长之路即将走上正轨：17岁的儿子第二年会从这里考上大学，进入社会，按照她为他设定的目标成为一名医生，结婚生子，她则完成抚养任务，迎来解脱。"然后我们就过着这种稳定的生活。"她说。

比起那座房子，吴亦凡有时更需要的是房子外面的那条小路，它让他在感到压抑时，可以起身离开，通过不断行走和独处重获平静。

"确实有段时间我很叛逆，还曾离家出走过。"吴亦凡说。但是吴妈妈不记得儿子曾经离家出走过。多年后，听到《人物》记者的转述，她显得有些惊讶。"他可能觉得他已经离家出走了，但是他走的可能就是出去转了一圈。"她想了想，说。

"转了一圈"在高考临近时越来越频繁，在一种走投无路的情绪中，吴亦凡看到的是和母亲完全不同的画面。

吴亦凡认为和母亲的关系正走向破裂，他们的家摇摇欲坠，"不是能够让我好好去生活的一个家庭了。"他对《人物》记者回忆，"我觉得我需要去帮助这个家，这种使命感特别强，我是家里唯一的男人了，我必须得站出来。"

从出生开始，吴亦凡基本就是母亲独自带大的。失去婚姻那一年，2000年，30岁出头的母亲做了一个重要决定，她决心让10岁的儿子跟随自己的姓氏，并把自己所有生活奉献给他。

这包括为了让他享受更好的教育，一个人带他从广州来到温哥华，开始了需要背井离乡近10年才能获得身份的移民路。花3年往返国内最终关掉曾经拥有的企业，彻底成为再无收入的家庭主妇。为避免儿子产生这儿不再是自己家的感觉，保证自己的注意力全在他身上，在他18岁上大学之前，她要求自己绝不允许第二个男人出现在这个家中，她担心任何不可控的因素影响儿子的成长。

两个小时采访中，"稳定"是吴妈妈常常脱口而出的关键词之一，共有7次。专心沉浸在抚养儿子中的吴妈妈鲜少与外界发生关系，从不参加温哥华当地华人的社团活动，只有一位当地妇女会会长才能差使她走出家门。在她刚来此地举目无亲想要赶快买下房产开始生活却找不到律师时，会长伸出过援助之手，那次雪中送炭令她至今感恩。

从那次孤注一掷直到现在，她的生活时刻和担忧为伴。在加拿大，她阻止一切复杂、肮脏的东西进入她和儿子的房子。很长一段时间，儿子跟什么人接触，她都会亲自去问，如果发现这个人有点问题，她要想尽办法阻挠。"其实可能都没什么问题，但是我会把它扼杀在萌芽状态。"

她开始变得"总是啰啰唆唆的"，"动不动一看到什么，就开始教育，别人发生了一件事情，拿回来给儿子一顿说教之类，就总是这样"。

她相信受苦会令儿子更加努力。在她的观念里，男孩子应该有责任感，她的教育方式是告诉儿子你要独立，18岁自立。这也是她某种程度上不想依靠他人而独自抚养吴亦凡的理由，虽然自己会辛苦一点，但她认为这种辛苦会让儿子意识到"要孝顺妈妈"，更早产生责任感。

吴亦凡13岁那年，吴妈妈忽然发现他比自己高了，家里再遇到一些事时，她下意识地说："这个事是应该你们男人做的，然后人家不吭声就去做了。"说这话时，对面的《人物》记者感受到了她的骄傲与欣慰，"特别好玩，"她说，但随后她又有些不安，"他才13岁啊。"

这个男孩过早地沉默下来曾给吴妈妈的好友Sindy留下深刻印象和某种不安。2015年12月，坐在《人物》记者对面，Sindy回忆起女友讲述儿子的场景，她记得在女友的讲述中，这个男孩的形象常是沉默的。"凡凡就不说话。"Sindy对《人物》记者说。

让她印象深刻的一次，吴妈妈说起看到儿子没有按时休息，还坐在电脑前沉迷网络游戏时，没有说任何话，"啪"的一下把电脑关掉。"好过分啊，"Sindy记得自己对吴妈妈说，"我说我妈妈这样对我，我非发一顿脾气不可，不管怎么样在玩的兴头上，啪就给关了。"Sindy靠在椅背上，眉头皱了起来。

她想了想，如果这件事放在其他孩子身上，也应该早就闹了，但同龄人的正常反应吴亦凡没有。"就是我觉得这个孩子已经非常不一样了……他基本上就是，他不会吵也不会闹……他就不说话。"

不过，她没让自己按照这种疑惑多想下去，而是用一种中国式懂事表扬了他，"我觉得他挺独立的"，"心理啊，还有他生活上都是蛮独立的"。

2000年，刚到加拿大的吴亦凡面临英语入学考试，当听说别人家的孩子两三年都无法通过时，吴妈妈陷入习惯性焦虑："我就不间断地说，你背英语单词啊，要不然你过不了，然后怎么怎么样……就老是嘟囔人家，你不过怎么怎么样……他没有考试之前我就一直折磨他……这一年我就在折磨他。"

10岁的吴亦凡没有说一句话。发现儿子没有表现得和自己一样紧张，吴妈妈又开始担心他是不是没有听懂："不吭声我就认为他没说懂，我就换个方式再说，还不吭声我就再换一个方式再说。"

虽未如母亲期待的那般努力，但很早就为那次英语考试开始准备的吴亦凡第一次就过了。不过这个男孩并未得到应有的表扬，不表扬是因为母亲担心失去控制力，"我不可能和他去唱红脸的，我就没办法……因为我觉得我要管他，我就拿出那一点威严来，要不然他就觉得没效果或者什么的，我就会这样想。"她告诉《人物》记者。

鸡汤凡

20世纪的广州，一个小学一二年级的男孩，因家人工作繁忙而不得不在游泳课上消磨暑假。吴亦凡至今记得当时和其他小朋友一同站在游泳池前看到的景象。那时，那座湿热的南方城市刚下过雨，水面上漂着很多树叶，整个池里的水都特别的混浊。但当教练说跳下去时，他是唯一毫不犹豫跳进脏水的小朋友。第二天，他因耳朵发炎被送进医院。

"我就觉得他说的是对的,没什么事,是你们不敢跳而已,我就敢跳,然后我就跳了。"近20年后的现在,回忆起那时的勇气,吴亦凡说,"我不太愿意让别人失望,尤其是长辈。"

吴亦凡不希望自己是弱小的。在对自己的高期望中,面对移民,他远不像母亲以为的那么平静,面对巨大的成长危机,他也会紧张不安。吴亦凡的童年,从老家甘肃白银,到广州,再到温哥华,一直在不断地移动、转学、搬家。因为老是换学校,小伙伴刚玩得好就又要去交新朋友,每天吃午饭对于吴亦凡而言是非常尴尬的时刻,看着其他小朋友特别熟地聚在一起吃,他只能一个人坐在那里,这让他有段时间"非常内向,非常自闭"。"不是一个交际花,从来不是一个交际特别好的人。"他说,"我小时候特别希望成为一个中心,谁不希望成为一个中心人物呢,尤其是男孩子。"

吴亦凡没有把这个苦恼告诉母亲，他怕增加母亲的担心，想一个人硬扛下来。

硬扛的结果是他至今有一个习惯，遇到不知道怎么办的事第一想到的不是问问身边人，而是看看励志书里有没有教过。母亲是他那时唯一的沟通通道，但自己把这个通道封闭起来后，他只能去街上逛书店买回那些排行榜上的热门书籍，"什么书我都看""中文的、英文的都看过"。大多是励志书，如何说话、如何做人、如何观察别人、如何用身体语言。他想从上面找到让自己受欢迎的方法。看到哪里就感觉"这个我明天可以试一下"。"真的，书中自有黄金屋啊！"吴亦凡笑着对《人物》记者说。

比如，对陌生人微笑打招呼会拉近人和人的距离，书里就是这么告诉他的。直到现在，吴亦凡见人都会一直带着笑容。"见到谁都是笑，已经习惯了，我相信你这样对别人，别人也会这样对你，最起码不会讨厌你。而且笑容可以影响到身边的人，我觉得友善的感觉是互相的。"

长期面对着励志书自我成长，让吴亦凡后来得了一个外号，"鸡汤凡"。

篮球的出现让吴亦凡第一次与外部世界接通了。吴亦凡15岁那年，因为处理国内最后的事务，吴妈妈带着他回广州待了一年，由于温哥华教学和国内不同，吴亦凡回广州上的是体校，打的是篮球。他是球队队长，打的位置是控球后卫，那是一个把控一些战术走向的角色，很多时候需要把球贡献给队友，照顾大局。他很喜欢这个角色，"队友得分的时候，你也会有那种喜悦感"。

在吴亦凡看来，喜欢上篮球对他的内心有本质改变，那是他第一次感受到自我释放，也是第一次找到了小伙伴，自然而然地找到与人沟通的方式。更重要的，也是在那时，他第一次发现了他后来认定的自己性格中"最宝贵的东西"：单纯，真诚。

对于90后的成长，漫画是重要的陪伴品，《火影忍者》和《海贼王》几乎是每个90后必看的漫画书，但吴亦凡说自己唯一看过的漫画是较之略为久远的《灌篮高手》，因为它和篮球有关。"所以我是一个特别纯粹的人，我可能喜欢的就是只干这一个，打篮球就打篮球，其他运动都不关心。"吴亦凡说。

第一次通过篮球体会到自我表达的快乐的吴亦凡想要追随这种感受，他把进NBA当作人生梦想。但在母亲看来，打篮球是"容易受伤"的，"生命力比较短"的。

吴妈妈记得体校老师一直表扬儿子"是最好的后卫"，"而且他不抢，他总能在局里面，他从来不会说要我自己表现"，吴妈妈说。现在回想起来，她觉得那应该是吴亦凡好不容易找到一个赞美自己、需要自己的集体，他想表现得更好。尽管相处时间不长，但吴亦凡至今每年回广州仍要见一下这些曾经的队友。

吴妈妈最后是把儿子从广州硬拉走的。吴亦凡很伤感自己的梦想还没怎么开始就破灭了，"回去之后我特别难过，第一次发现自己有梦想，而且特别舍不得，那个时候有了一点模糊的自我价值观和一些渴望追求的东西，但没办法，还是得跟我妈妈回去，没有选择的余地。"2016年3月播出的一档访谈节目中，他对主持人说。他把没有选择余地的原因归结为"因为自己太小了"。

吴妈妈记得儿子回去的时候很难过，有几天不出门。有什么事情，吴妈妈都会把他硬拉出去，"那段时间的任务就是怎么让他缓过这个劲,"她说,"但那次我记得特别难。"

想要自己承担自己人生的感觉太强大了

吴妈妈把高考当作自己抚养任务过了大坎的标志。随着高考越来越临近,她也越来越紧张和严厉,吴亦凡记得那时母亲因为一件很小的事情就会大吵,他把这个问题归结到了自己不会沟通上,因为自己是一个根本不知道怎么安慰人的人。

2015年11月,第一次接受《人物》记者采访时,年轻的吴亦凡说出了关于人间关系的深刻的话。"单亲家庭比较现实的就是,其实母子关系比较容易走到一个极端的情况,因为没有第三个人和解。"

在这种极端环境中,有几次郁闷崩溃离家出走,走在家门外小路上的时候,那是他特别希望有一个"第三人","我特别希望有另外一个人来安慰一下她也好,安慰一下她就行了,其实我没关系的"。

这是引导他去韩国的主要原因。"我不希望跟她这样的,我好怕两个人的关系会变得没有以前好了,我特别担心。而且人长大了就会知道生气的人其实是最累的,说的那个人是更累的,而不是听的那个人。其实那个用心地去说你的人会比你要累。妈妈本来就挺辛苦的,再这样心情不好其实对身体特别不好。所以我就去韩国了。"

还有让他担心的是,前一年因为回广州,他的学业有些耽误,他害怕自己会考不上大学。母子的花销是靠以前的积蓄,想到上大学又是一笔钱,他更恐惧了。母亲绝对不说经济压力,但是他感觉后面几年她压力变得特别大,压力通过"你必须要怎样,你必须要怎样"的句式传达过来。

吴亦凡特别不想给别人添麻烦，更不想变成别人的负担。所以那段时间，他开始打一些零工，去餐馆洗碗、KTV端酒盘，尽管只能赚到一些零用钱，但当自己的努力可以带来一些改变时，他就会感到生活中产生了稀有的放松。

吴亦凡觉得母亲给了他很多正面的东西，"但这也没有阻止到我18岁要独立的这个想法，觉得一定要独立，我希望能够回报她，能够照顾她"。

吴亦凡从没有想过要当明星。那本是温哥华非常普通的一天，在同学的要求下，他陪同学去了韩国SM娱乐公司来温哥华招练习生的面试，当听到"包吃包住"四个字时，去韩国当明星的念头一下子在他脑海中闪现，"各方面我觉得等于说能自己活了嘛。"他说。

合约虽然包吃包住，却长达10年。"妈妈觉得实在是……签完出来就30多了。最青春的时候都被签在合约里了。"但吴亦凡完全没有想这些意味着什么，他告诉《人物》记者，"我想要自己承担自己的人生的感觉太强大了。"

意识到儿子的坚决，是在签约过程中，吴妈妈至今记得她是到了机场才和儿子最终签的约。"我们娘俩都在哭"，她说，"记得儿子说，妈妈我觉得真的对不起你，你养育我这么大，我让你这么伤心。""他说完这句话的时候，我特别高兴，我说好，儿子没事了，我们回家吧，这是我当时的回答。"她以为儿子心软了，接着，她听到的是："我签。""然后他流着泪把字签了。"

不再无能为力的人生

在把全部关注奉献给儿子的7年里,吴妈妈生活中所剩的自我意识已然不多,儿子的突然走掉令她瞬间失去生活的目标,她的感觉是——完全失重。过了一段时间,她卖掉了那座母子俩生活了7年的别墅搬进了城里的公寓,别墅需要拔草、照料,她悲哀地发现她已经无法再集中精力打理那么大一座房子。

Sindy在那时与她相识,她们一起爬山,开车出去时,她一直以为这个"很漂亮""不是那种中国传统的,而是有点西方的那种美"的女性和她一样享受着没有生育过的自由生活,直到一段日子之后她才知道她还有一个在韩国的儿子。从那之后,吴妈妈对Sindy常常提起这个儿子,说自己很想念他,"就是一种习惯性的,我很少问,都是她自己说起。"Sindy说,有时吴妈妈讲的时候一直在笑,有时则表现出了担心。

吴亦凡离开之后，吴妈妈时常回忆起儿子和自己一起生活的点滴。直到儿子走后，她才想起儿子从小就是一个对他人痛苦非常敏感的人。

吴亦凡是在出生几个月后就被姥姥姥爷抱回老家甘肃白银带大的，他对他们有很深的感情，但和其他孩子不一样，他在后来很长一段时间会把这种感情延续到所有其他老人身上。"他如果在路上遇见了一个流离失所的老人就会特别难过……他真的是从心里说'他让我想到了我的姥姥姥爷'。"刚到温哥华时，这种敏感一度给吴妈妈带来很多麻烦，她记得最为难的是带吴亦凡去Downtown，当遇到路上卖唱的老人，吴亦凡就会一直站在那里，直到母亲给了钱才会走。这让她非常为难，卖艺的太多，一给就是两dollar，这对没有经济来源的她来说是很有心理负担的事，"我要不给，他就一直等在那里。他就是这样一个人。"

谈起为什么易与老人共情时，吴亦凡回忆起的是姥姥姥爷对自己无微不至的照顾和对一个幼小自我的满足。这份感情的顶峰是在他刚刚上小学时，看到过他们受难时的无助。

那时广州流行玩具四驱车，他也想要一个，但在姥姥姥爷所住的甘肃小城很难找到，吴亦凡特别生气，他质问他们在这里生活这么多年，为什么四驱车都找不到。他看到姥姥姥爷一下子变得非常着急，他们想尽方法帮他四处找车但又无能为力。他非常后悔，这种痛苦深深印在了他的情感记忆里。当姥姥姥爷最终为他找到时，"我特别爱惜"，吴亦凡说。

在吴妈妈艰苦付出时，她也未能注意到温哥华早上六七点钟曾给少年吴亦凡留下怎样难以磨灭的记忆，那时看着母亲在寒冷和黑暗中早起，发动汽车，辛苦地独自上路送他上学，日复一日，不知尽头。

"所以我是在16岁生日第一天就考的驾照。"吴亦凡说。那一年他16岁，是加拿大可以拥有驾照的年纪。他的同龄人里，他是最早能开车的，当朋友都坐在他的车上，说，哇，你都有驾照开车了！他记得自己说，是啊，我生日一过就考驾照了。接受《人物》采访的那个下午，说起这件事，吴亦凡开心地笑了。更让他开心的是，当母亲惊讶地发现他开得很不错时，他得意极了。从那以后，母亲去买菜都由他来驾驶，他能感到自己不再是无能为力的人了。

岳云鹏

//

相声阿甘,
获得命运眷顾之前

岳云鹏红了。
和师父郭德纲相比,他获得了更多女孩的喜爱。
他无辜又无害的"贱贱"的劲头儿,
以及励志、亲切又让人心疼的底层身世,
让他获得的并非是偶像崇拜式的狂热,
而是可以平视的喜爱。

成名后的不安

与人们对相声演员爱耍贫嘴、逗闷子的印象不同,生活中的岳云鹏内向寡言,不会讨好,不论成名之前还是之后,他都依然要靠不善交际、受过伤害的自我与他人以及命运共处。

剧场停电,音响故障,没带大褂,鞋穿错了。他像是被困在了那个场景里,把所有可能的糟糕状态都经历了一遍。直到站上台的那一刻,他才发现身边搭档不见了,台上只剩下自己。

他在半夜惊醒,才确定那是一个梦。

那是2011年4月,26岁的岳云鹏在民族文化宫大剧场的专场演出前夕——作为一个相声艺人的首场大剧场商演。他告诉搭档孙越,类似的噩梦一直困扰着他。

演出很成功。那场演出拉开了一场序幕,他逐渐"成角儿"。

"谁会花钱看这么年轻的相声演员说相声?想也想不到,今天能坐满了。"那一夜,站在民族文化宫的舞台上,他对着观众表达感谢,有如内心独白。

从小剧场到大剧场,这是相声演员的惊险一跃,在小剧场攒底被拼命叫好，到了大剧场可能会叫天不应叫地不灵。这场大考合格才是成功的一线艺人。

如今在相声圈，岳云鹏票房号召力第二，是继老师郭德纲之后仅有的能够独立保证大剧场商演门票售罄的人。

梦境像是现实的隐喻。尽管随后几年，名气、财富、成功，一切迅速向他涌来，但那种如履薄冰的感觉一直伴随着他。

心理学上有人称之为冒名者恐惧，总觉得自己做得不够好，就好像一个冒名顶替的人。

有人叫他"相声阿甘"

岳云鹏曾经的生活像块苦味的纯黑巧克力。他出生于河南濮阳的九口之家。他有五个姐姐，在本就物质匮乏的农村，超生家庭更加艰难。13岁之前，他的衣服都是母亲拿姐姐们穿过的衣服改来的，每年生日吃俩鸡蛋。他的童年只在记忆而不在照片中，他只有3张小时候的照片，第一张是6岁，父亲留住那位走街串巷的照相师拍的。从记事起，他父母的头发就一直是白的。

因为交不起学费，岳云鹏14岁来北京打工。在保安队的第一个月，他的工资被克扣一空。他刷过厕所，干过电焊，在餐馆里做服务员。他被人糟糕地对待，因牵强的借口数次被辞退。他曾是可以轻易被呵斥和咆哮的群体里的一员。

最早进入德云社的那批徒弟不乏苦出身。李云杰12岁时就失去了父亲，脑血栓的母亲在2009年去世前，有6年是植物人状态；孔云龙的二哥1998年被发现患尿毒症，而1999年全家全年种地收入只有3000元，"你要是继续上学，你二哥就没了。"父亲哭着对他说。孔云龙于17岁辍学。郭德纲见不得这种苦出身的孩子挨饿，他虽然跟同行骂战毫不嘴软，但身上有一种老式江湖人的温暖。

然而，这个故事的重点并不在于讲述人生的不易。

草根儿

即使在《欢乐喜剧人》夺冠后的那个庆典之夜，岳云鹏看起来仍然很焦躁。

他太累了，但还不能停工。录制结束已经接近12点了。他的工作尚未结束。作为红人的待遇，工作人员争先恐后上来的一轮拍照是免不了的。他还需要录制几个宣传视频，以及接受临时安插的记者采访。这一切之后，是所有人在等着他的庆功宴。而次日一早，他就要飞往印度拍戏。

像是坐上节节推进的升空火箭，岳云鹏红了。先是连续两年春晚登场，然后是出演票房超过10亿元的电影《煎饼侠》，在电影里他把《五环之歌》唱到了祖国各地，不再限于北京市区，继而岳云鹏出现在两档热播真人秀节目中。在大牌云集的喜剧人竞演中，小岳岳（粉丝对他的昵称）成为喜剧之王。这同时也是"郭家班"的胜利，在此前几年，喜剧的王冠公认在占据春晚多年的东北"赵家班"手中。

"以前看电视说大明星没时间，都在飞机上睡觉，我心想怎么连睡觉的时间都没有呢?"岳云鹏现在相信了。

这种生活是曾经的岳云鹏无法想象的。2008年初,已经是他进入德云社的第五个年头。在某个路边摊烧烤喝酒的夜晚,他与朋友谈到未来的期待,"想挣钱"。挣到多少钱呢?"大概可以去国外生活,有房子住,有一点存款"。他们还聊到,"哪个国家不错?"

他的草根范儿正是人们喜欢他的原因,与他师父郭德纲一样,他也是以平民百姓的角色戏谑这个世界。

他的姿态甚至摆得更低。《保安队的日子》即是他源于亲身经历的创作,许多细节是真实的——年仅14岁的他,在石景山重型电机厂里当过一年保安。现在,他的徒弟也会改造翻新这段相声,就像传统段子《白事会》《报菜名》一样,在小剧场里说。这是德云社的传统,郭德纲的《我要幸福》就曾经被岳云鹏翻新改造过,产品要尽快迭代。

和师父郭德纲相比,更多的女孩喜欢他——为此他最近接受了女性杂志《嘉人》的采访。他无辜又无害的"贱贱"的劲头儿,以及励志、亲切又让人心疼的底层身世,是获得大量女性拥趸的法宝。那种喜欢并非是偶像崇拜式的狂热,而是可以平视的。有五个姐姐的岳云鹏天生自带弟弟缘,在《煎饼侠》里,他会给"志玲姐姐""冰冰姐姐""芙蓉姐姐"乱打电话。

岳云鹏不是明星,或者说,他不像明星,他会显露出普通人的那种粗糙又真实的特质。

像许多遭遇过穷困洗礼的人一样,岳云鹏表现出的紧迫感是格外强烈的。当他从相声剧场向综艺、影视领域进军的最初阶段,只要有工作邀约发来——哪怕是一些粗制滥造的网剧，他也不加分辨地想揽下来。"**有点小财迷**。"他的经纪人王俣钦说，"他说喜欢这个本子，我知道他在骗我，他就是想去挣这份钱。"他曾经不顾经纪人与师父郭德纲的劝阻去拍了一个网剧，结果片子出来，品质很差，他后悔得要命。

现在，《欢乐喜剧人》专属于他的休息室里，轮到最后的采访了。他面无表情地听记者做开场介绍，转头向助理要烟抽。一根烟快速地**抽**掉了。当然，他没有礼节性地事先征询任何人的意见，这是他的主场。但这个"休息室"，其实是他开工继续鏖战的地方。

岳云鹏《欢乐喜剧人》官方海报

网上有一种评价是，岳云鹏不擅贯口，因此在舞台上很少展现。谈及这个话题，他脸上露出不快的神色，语气平板地简短回应："那你是很少听相声。"

其实，他本可换一种模式来回答。当记者采访孙越时，他承认搭档最近3年基本没"使过"贯口。"因为观众买票来这儿听我们俩相声，是需要展现你个人的张力，对'活儿'的理解。"他耐心地解释说，"贯口毕竟是基本功。轮不到他使，他一使完了，其他师兄弟还怎么办？"他还为搭档做了辩护。贯口，包括好多小曲儿小调儿，都是他师父教的，好着呢。

许多职业的艺人会永远保持微笑，尽可能周全地对待每一个采访。但岳云鹏选择做自己。他很少有深思熟虑的金句，许多答案近乎脱口而出。曾被问及多年离家闯荡，计划的目标是否完成，他直白地说："印象最深的是没吃没喝，我的计划和目标没有规划过，所以谈不上完成。"

2015年初，在央视《面对面》节目中，他曾谈起15岁那年在餐馆当服务员，因错算两瓶啤酒的价格，被一位客人辱骂3个小时。之后他在全员大会上被当众开除。对于那段被伤害的往事，他的态度不是放下，也不是幽默地应对。"我恨那位顾客，到现在我也恨他。"节目中，他喃喃地说着，"什么好话我都说了"。眼泪顺着脸颊滴落。

"知乎"社区有个专门的话题讨论岳云鹏的这句话。占压倒比例的人表示理解岳云鹏的反应。一位网友写道，"轻仇必定寡恩"。

人生中的"恩人"，或者"贵人"——他自己是这么说的，在2004年和岳云鹏相遇。

在德云社做学徒

出现在31岁的郭德纲面前的，是两个穿着带着油渍的饭馆工作服的伙计。他们通过熟人介绍，前来拜师。

无人识得郭德纲。那是2004年，套用他著名的演讲式相声《相声五十年之现状》的说法，正是"大雪纷飞，大栅栏上连条狗都没有"的艰难岁月。郭德纲在华声天桥办北京相声大会，即后来的德云社，勉力维持生计，最少的一次全场只有一位观众。郭德纲收下了这两个小伙子。可供他选择的材料几乎没有，他对他们也没抱什么希望。

在认识人生中的"贵人"郭德纲之前，岳云鹏从来没有听说过这个人。

两个青年是老北京面馆"海碗居"的传菜员岳龙刚与门童孔德水，这俩人能凑到一起纯属巧合。他们俩互相看不顺眼对方很久了。服务员里，河北人孔德水有自己的小伙伴，他们一起去网吧，一起出去吃饭。至于那个叫岳龙刚的河南人，不要说以上那些活动，俩人几乎不怎么说话。

有一天，冲突终于爆发了，孔德水被岳龙刚一把推倒在地。按饭馆规定，员工打架罚款50元。孔德水一想到这儿，就不还手了，坐在地上喊经理。结果出乎他的意料，岳龙刚道歉之后也没被罚款，时值春节，经理撮合起两个闹别扭的小伙计在内部联欢会上表演双簧，改善关系。

年后，孔德水与一位姓赵的熟客讲起这次表演。赵先生便请他俩人到家再演了一遍。"既然你们喜欢这个，我给你们引荐一人。"赵先生说了个俩人均未听说过的名字，"他没有什么名气，但是能耐特别大。"

两个伙计没有整块的时间学相声，最初只是坐着听，顺便给园子里增加点人气。趁饭馆下午2点钟午休的时候，俩人就赶往剧场，然后再在下午4点半之前赶回去上班。经历了这样繁忙的白天之后，他们仍然要晚上10点才下班，然后次日8点上班。有一天从剧场的回程路上下起了倾盆大雨，俩人都淋得湿透，回到面馆也没其他衣服，还挨了领导一顿骂。

"咱们一定要记得这一天，一定要记得这一天，咱们为了学习多不容易。"岳龙刚说。

12年之后，本名为孔德水的孔云龙重述那段话。他记得那一天，是相声改变了他的命运，他小时候的人生梦想——他用的是"梦想"这个词，是长大后不用种地。现在，他是德云社三队队长，带着他的十几个队员，每周固定说8场小剧场相声，孔云龙攒底儿。他在北京买了房，有两辆车。

孔云龙眼中的"小岳岳"

"是你捎带着岳云鹏一起入门的吗？"

"算不上捎带，我认为这是我们俩共同的缘分。如果我不跟他演节目，也没有后来的这一档子事。"昔日的面馆门童笑了，"我们俩那时候同甘共苦，吃住都在一块。"

2004年底，他们从面馆辞职，全身心投入学艺。宿舍没了，就租了间地下室。屋子里只摆得下一张床垫，俩人睡在上面，鞋脱在门口。师娘王惠看他们可怜，在大兴区的庞各庄花了两百块钱租了个院子，让他们住。岳云鹏那段"我也是北大的，北京大兴的，庞各庄的"，就来自这里。在这个西瓜产地，他们住在一个20世纪40

年代盖的、窗棂还要糊纸的房子里，但至少可以一人一间。

岳云鹏主攻太平歌词，孔云龙主攻贯口。他们练得很勤奋，睡觉前，上厕所，走到哪里都在背。"在马路上你要不认识这个人，你会觉得是疯子，都魔怔了。"孔云龙说。

周末的时候，他们去剧场串场，观众没坐满就没有钱——他们只算学徒而非正式演员，坐满了师娘会给50块钱。这点钱时有时无，根本不够花，挨饿是经常的事。郭德纲也不容易，一家人带着另外几个徒弟，租了个三居室。"烧饼"朱云峰当时才14岁，来庞各庄大院住了几天，饿得够呛，回了师父家再也不来了。

孔云龙和岳云鹏在庞各庄住了近两年。有时候肚子饿，他俩都喜欢看一个名叫《炊事班的故事》的情景喜剧，一看投入了，饿劲儿就过去了。

《炊事班的故事》的主角之一是沙溢。那是2005年，沙溢在屏幕上，岳云鹏在屏幕外看着。到2016年，他们共同参加了真人秀《了不起的挑战》。"他应该会和沙溢聊到庞各庄。"孔云龙说。

一个寡言内向的人

岳云鹏的经纪人王俣钦记得，他最初与演艺圈接触、互动，回来会很兴奋地谈论。"周迅人特别好，以前是在电视里才看到的人。"他对王俣钦说。某个人若是给他感觉反差很大，他也会说，"其实那人不咋地。"

他也曾想象过自己成名后,"谁跟我照相我都照,走哪儿我都会开开心心地跟人聊。"

乍入名利场的兴奋感现在已经褪去了。现在别人拉他照相,"照第三张就烦了",王俣钦说。他尤其讨厌有些人合影时故意躲他后头,把他脸拍得很大,然后发到社交媒体拿他调侃。

有一年在哈尔滨松花江边,他买烤面筋吃并自拍发上微博。很多网友跟风掺和,假称和他在一起,说他喜欢吃大腰子和烤蒜。换作其他名人也许一笑而过,但岳云鹏感到的是困扰。"他很容易被别人的话左右情绪。因为我没有干,你冤枉我了。"他的徒弟尚筱菊说,"那天我们在一块儿,没有吃大腰子。"

岳云鹏尚未适应,甚至有点本能抗拒台前幕后都被娱乐化裹挟。《爸爸去哪儿》第二季曾邀请他和他女儿参加。那个节目收视率和影响力已经被证明,但岳云鹏拒绝了。孩子一旦出镜,就难免接受外界的审视与挑剔。他无法忍受自己的"小公主"承担这种风险。

说相声时,他的口头语是,"我的天哪",语调极尽尖细,配有一手捂着嘴的惊恐表情。《欢乐喜剧人》节目组请他录宣传音频,他拒绝用同样夸张的方式去重复那句话。理由是,"我在生活中不会这么说话"。最终,他只用平常语调说了一遍。

与相声演员爱耍贫嘴、逗闷子的成见不同,生活中的岳云鹏是个内向寡言的人。他身边的所有人都验证了这一点。现在是,从前更是。少年时期,村里年长的女人拿他开玩笑,他会感到害怕。他从来不和她们聊天,一低头就走开了,生怕接不住话。

"在陌生人面前,他不会很快就升温。"王俣钦回忆,他2007年底认识岳云鹏时,觉得他连话都不敢多说。

即便对熟悉的人，他也不会轻易开启心事。孙越见证过岳云鹏的痛苦。2013年，德云社在德国巡演时，岳云鹏父亲去世。他决定演完后的次日才坐飞机赶回国。这是他的选择，相声圈的艺德是"艺比天大"，但也成了折磨他至今的隐秘痛苦。"都存在心里头。"孙越说，他们很少聊到那些往事，"实在是存不住，就我们两个人时说两句，绝不多说。"

尚筱菊读德云社全日制少年班时，岳云鹏来代过课。一进门全班就鼓掌了。大家都兴奋，期待他"卖萌耍贱"。结果，"跟舞台上感觉完全不一样"，他全程严肃，话也没说几句，反而是孙越成为了主导者。

到了2012年，社里指派尚筱菊拜岳云鹏为师。相认的那晚在剧场后台，岳云鹏说的话少得足以让他记清每个字。"以后你就是我徒弟了"。他又喊来妻子郑敏，"以后这就是咱徒弟了。"没再说多余的话了，就这么简单。

新徒弟想与师父走得更亲近，于是有一晚主动提出，演出结束不想回学校了，想去师父家住。"行，那就走吧。"岳云鹏说。

尚筱菊坐在副驾驶，开车回家的一路上，俩人谁也没说话。车上也没有放音乐。

尚筱菊设想的师徒俩一起喝酒、畅所欲言的场景并没有发生。把他安置到书房后，岳云鹏就去客厅看电视了。那一晚漫长而煎熬——由于紧张，尚筱菊一直憋着泡尿不敢出房，最后实在忍不住了才去的厕所。就像《保安队的故事》里，岳云鹏塑造的那个到公司第二周才问厕所在哪的小保安。

尚筱菊后来才知道师哥去师父家的经历更倒霉。岳云鹏往往在中午起床，没有吃早饭的习惯，偏偏那天"连午饭也忘了做"。师哥原本三餐规律，被连饿两顿，到了下午，"都蒙了"。

慢慢地，尚筱菊搞懂了岳云鹏的脾气。他从不夸人，也不安慰人。"他并不是讨厌你，他就是不爱说话。"他的私下状态似乎总很疲惫且忧郁，让人不忍打扰。他在微博上特别热闹，但是他的朋友圈，一年难得更新几条。

徒弟开始重构师徒之间的交流模式，"有事直说，别等他问你。"他发现，师父几乎有求必应。他第一次管岳云鹏要钱，是与同学打赌——说到这里，1995年出生的尚筱菊有点不好意思，因为这并不是什么值得骄傲的经历。因为与师父见面，总会被问几个家常问题："最近有人欺负你吗？""缺钱花吗？"他决定回句新鲜话，没钱了。

岳云鹏马上掏了300块钱给他。

"还真给。以后就接着要。"尚筱菊说，"说实话有点觉得自个儿不要脸，但师父要给你钱，吃得会更好一点。"

师父不会记得徒弟的生日。但如果主动告诉他，他会叮嘱妻子郑敏买礼物。尚筱菊有一年生日收到的是一双乔丹鞋。当时家里有七八双鞋都是师父送的。还有衣服、手表、大褂。尚筱菊算过，师父已经在他身上花了几万块钱。

尚筱菊爱骑摩托，有回剐到别人的车，他第一时间想到找师父。他给师父打电话，师父派人来赔了钱。

岳云鹏的三个徒弟都知道他的银行卡密码，一起出门吃饭，徒弟拿去结账。他们建了个微信群，岳妻郑敏也在里面，群名就叫

"小家庭"。

看似冷漠的师父,也有难得多话的时候。那是在东北的一场饭局,岳云鹏喝醉了。"师父不是不管你,师父时刻都在关注你。"他搂着尚筱菊的肩膀说,"师父也帮你争取过很多演出机会,但可能有时候没有争取下来。不要着急,因为你岁数还小……"

最近,岳云鹏在印度拍戏。生日那天,尚筱菊发微信祝福,但对方没有回复。

"如果别人发,他会回谢谢。"尚筱菊不以为意,按他的理解,如果师父不再假装客气,那师徒关系已经达到了一个新高度,就像是真正的朋友。他又给师父发了8块钱的红包。

几秒钟后,他看到那个红包默默地被领了。

冷藏期

现在,你大概了解到岳云鹏是什么样性格的人,你大概可以想象这样一个人丢到以人精为主的相声团体里是什么感觉。

"台上也不行,台下也不行。"接近他的人不止一个如是评价最初阶段的岳云鹏。

自2005年下半年,郭德纲的逆转开始了,德云社的演出能场场满座了。几近入土的剧场相声死而复生。直至年底,大规模媒体报道井喷出现,郭德纲的名气在公众范围内彻底打响了。在2006年,德云社公开招徒,应者如云,涌进来的40多个学员艺名里都带鹤,他们被称为"鹤字科"。此前的"云字科"意味着亲近的,跟从于泥沼中的徒弟。

相声界本就讲究辈分与规矩,德云社尤其重视这些传统。后台有张八仙桌,仅设两个座。那是约定俗成的,只有郭德纲和于谦才能坐的。师父上场穿大褂,只管胸口以上两个扣。师父抽烟,自有人点烟,烟灰落地,自有人打扫。师父面前的茶杯永远是满的,喝了就续。

讨好师父也有利可图,"早年前还老有人,端着杯子跟在师父后面呢。"李云杰回忆,"天天跟着,要了命了,一转身把水都弄洒了。后来被我们师父打发走了。"

用师兄弟的话说,岳云鹏"不够机灵",说难听点,"没有眼力见儿、不会来事儿"。"伺候师父轮不着他,是因为有心眼的人总比他快一拍。"孔云龙说。

演员们之间聊天、砸挂,他也很难融入。他本来就内向,很少开玩笑,反应也不快,总说不到点子上。"岳云鹏那时候是太不招人喜欢的,你看看他过去那照片,不爱刮胡子,脏不拉几的。他还想留分头,半长不长。没人乐意跟他聊天。"孔云龙说。

相比之下,孔云龙很快成了"小红人"。他模样英俊,伶牙俐齿——如果不是如此,"海碗居"也不会选他做门童。师娘王惠特别疼爱他,时不时叫他陪逛商场,帮忙拎包。

师娘的车会直接开到庞各庄大院门口来接他。孔云龙坐上车,从后视镜里,他看到岳云鹏站在后面,神色无辜又羡慕。车开远了,他还站在那里,变成了一个小点儿。"有时候真是感到他可怜。"孔云龙说。

就像带着儿子逛街,看见好看的衣服或鞋,师娘就会买。有一次，师娘为孔云龙花1700块钱买一身阿迪达斯的套装。跟师娘熟了，他真敢说，"您已经两个月没给我买衣服了"。衣服一旦买下他都是马上穿，回去显摆，然后，岳云鹏"默默地摸两下"。

那时候，郭德纲的儿子郭麒麟还在天津读小学，偶尔来北京，陪玩的人也是孔云龙和迟一年才入门的栾云平。他们拿着师娘给的钱带师弟去吃肯德基，陪他去网吧，三人晚上睡一张床。他们关系亲密，别人叫郭麒麟"少郭爷"，私下里孔云龙直接叫他"胖墩儿"。这些经历里都没有岳云鹏，"他得看大院啊。"

更要命的是岳云鹏台上的表现。

从2004年底至2005年的六七月，他的表演部分是开场与李云杰拆唱太平歌词。开场活儿一般没人认真听，好多人还没坐好，按郭德纲的原话："上台去练练胆。"岳云鹏角色次要，站在桌里，李云杰站在桌外，负责"铺纲"（即铺垫介绍）。

说相声的机会在2005年夏天终于来临，师父让他上台说一段15分钟的《杂学唱》。岳云鹏搞砸了，狠狠地搞砸了。"说了20分钟没人乐，这种情况可能有。"尚筱菊说，他师父发生的状况，是这么多年德云社都没有过的。

《杂学唱》成了砸学唱，岳云鹏在台上只待了3分钟，就头脑一片空白，因为极度紧张还引发了胃痉挛。他下场就哭了。

此后相当长的一段时间里，岳云鹏失去了任何表演的机会。工作只剩下检场（摆放剧场桌椅）与扫地。与他同时间的孔云龙却进步神速，很快有了固定搭档栾云平，并且还获得了德云社10周年庆典与师父同台演出的机会。2006年10月，郭德纲举行"摆枝"仪式，收何云伟、孔云龙、栾云平、曹云金和于谦幼子于云霆为徒弟。除了小朋友之外，这其实是一个钦定"四大弟子"的仪式。

岳云鹏正式拜入师门要晚3年。事实上，直至鹤字科的一些学员已经有了表演机会，他仍是边缘角色。除非师弟李鹤林出来演出，岳云鹏才能搭着做捧哏。

至少有3次，有人向郭德纲提出要开除岳云鹏。前两次是在剧场后台，"再看看吧"，郭德纲答道。

第三次是在2005年底为大师兄何云伟和师叔李菁办的庆功宴上，他们在北京相声小品邀请赛上获得一等奖。那本该是个欢喜的场合，但气氛微妙地在变化。"你看你们何师哥都拿大奖了，再瞧瞧你们这几位，尤其是小岳。你们得多努力，多进步。"郭德纲说。于是自然而然地，话题集中于对岳云鹏的批判，有人再次提出开除他。

岳云鹏哭了，他哭得很伤心。师兄弟没有一个人说话。"我们管不了，连自保都自保不了。"李云杰回忆说。

一片混乱中，师娘王惠也哭了。"你放心，宁可留着你扫地，也不能把你轰走。"她对岳云鹏说，也是说给所有人听的。

那是最后一次他遭遇逐出师门的危险。"他摔得越深，爬起来，往上蹦得越高。"李云杰后来说，"我们没有那么大的落差。"

逆转

那段险被开除的故事，不同的人曾在不同的场合讲述过。但出于某种惯性，人们总是从施予者的角度理解这段故事，而忽略每个人都是有选择权的。

"两条路。一条是回家种地,一条是留在这儿,继续学习。"岳云鹏对《博客天下》说,"我没有办法,我不像条件特别好的学生,比如生长在北京。我是生生被逼出来的。"他把学相声当成了一条单行道。相声讲究"三年学徒两年效力",即使像他这样最早一批学徒,也是直至2007年后才有固定工资的,此前只有零星收入。

相声演员都喜欢玩些传统玩意儿。学相声的京津冀的人居多,打小就接触,也有像孔云龙这样的,是进了圈子后,耳濡目染熏陶出来的。河南苦孩子岳云鹏是个例外。无论扇子、手串、鸟笼子还是核桃,他从来不玩。"他就是一心放在业务上了,怎么才能卖钱。"李云杰说。

2008年春节,徒弟们在郭德纲家看电视,一个叫"小金龙"的二人转演员与观众互动,观众一举手,他就下跪,举另一只手,他就唱歌。"你的机会可来了,你也可以试试,你会唱歌。"郭德纲对岳云鹏说。他确实喜欢唱歌,而且一去KTV,他点的都是那些老气横秋的歌,固定曲目包括《花为媒》《我不做大哥好多年》《不能这样活》……

自此,岳云鹏做开场的铺纲时,戴个墨镜,模仿那位二人转演员,要么唱,要么跪下来,与观众做互动。场面很火爆。墨镜盖住了他的脸,他突然就没了羞涩和紧张感。

"他表现不出来太张扬的那种劲头,非得给他这么一个机会。观众接受他了,他对自己也是一个突破。"李云杰回忆,岳云鹏现在的风格,即是自那时隐隐出现的。

岳云鹏找到了自信。也许更重要的是,他找到一种只属于他的"特别武器"。传统来说,逗哏可划分为帅、卖、怪、坏四种风格——郭德纲属于坏,具有超强的现场砸挂能力,而岳云鹏是第五种风格——贱。它更像主观感受而客观描述,这是一种在网络时代才有可能被充分理解的定义。只听到他那尖细的声音不够,用网友的话说——一定要看到"作死的表情",才知道什么叫贱。

这种风格能够弥补他的短板。比如面对观众的捣乱,郭德纲总能用一种嬉笑的方法巧妙平复或者绕开。而岳云鹏往往会沉下脸来,似怒非怒,"你出去!"换其他人,这种生硬回击带来的感受并不舒服,可能会激怒观众,然而当一个"贱贱"的人这么说,反倒能产生喜剧效果。

某种程度上,那个做成网络热门表情包的"贱贱"的小岳岳,是他塑造的形象。"台上他为的是观众,那并不是真正的自己,一个是在表演,一个是在生活。"尚筱菊说。

从2010年起,岳云鹏在德云社的地位已经非同往日。郭德纲明显开始力捧他,让他以助理主持身份上天津卫视的访谈节目《今夜有戏》,将从艺馨社收编来的捧哏好手孙越配给岳云鹏,还给他开了一系列的小剧场专场。

这固然与当年8月后何云伟、李菁、曹云金、刘云天的出走有关——这几对都是郭德纲的心头之爱;与岳云鹏的进步也有关,李云杰认为,"2008到2010年,对他是一个质的飞跃"。但也有一种流传于外界的说法,郭德纲故意挑选了一个天资平平但忠心耿耿的人,以证明他才是真正的"角儿",他想带谁红谁就能红。

这个说法难以验证,但至少某些事实无可争议。岳云鹏的确是老实听话的孩子。"我不太会给自己规划,我走到现在,大部分是我师父帮我铺的路。"他说。

剧场专场开启,以每周一两场的速度推进。孙越记得,第一场下来,没有人给他们献花,"不能说好,规规矩矩完成任务,该响的包袱响了"。随后,岳云鹏每场演完,都会带给他预期之外的惊喜。进行到十几场,300人的剧场爆满,场外还有100多人进不来。"咱俩火了。"孙越对岳云鹏说。

对于岳云鹏的变化,内部当然有人不服。风言风语也会传到时任演出部负责人的王俣钦那里。据他观察,有段时间,同台演出时,排岳云鹏之前出场的人——出场越往后说明地位越高,"玩了命地使得好,就相当于搅和吧,我就不让你下一场使得舒服。但小岳岳一上来,你不服不行,你打不过我"。

2011年,在没有旁人时,郭德纲曾问过孔云龙:"岳云鹏火了,你嫉妒吗?"孔云龙说:"嫉妒。""你服吗?""我不服。"他们还聊到谁值得捧,孔云龙说了几个人的名字,但他没有提自己。"师父,我呢,也就是适合给您看家(指驻守小剧场),您要说真是应付媒体啊,我可能不太擅长。"他说。

新玩法

即便到今天,岳云鹏也不算那种无所不能的相声演员。他不会B-Box,也很少有模仿,没尝试过说唱。除了河南家乡话,他几乎一个倒口(即使用方言表演)的节目都不会,因为口音会串。他承认这些都是他的软肋。"人一定不会拿自己的软肋和别人硬碰硬,你碰不过人家。"他说。

但他又是愿意尝试新花样的人。

他会改造相声里的出场人物，设计得更好玩儿，并考虑细节。《当行论》里有个拉车人，传统的演法两句话就带过了，岳云鹏的版本是把这个人演了一遍"出来"。而《怯大鼓》中，他把这个原本是山东话的倒口活改成了河南话，他删掉了一些旁枝人物与对话，把戏份都集中于主角与二婶的絮絮叨叨的对话中。这几个作品属于他网上传播最广的，其他人会借用他的版本来演。

德云社里有一批"传统派"。他们趋向于稳健地使活儿，以前老先生怎么使，现在舞台上就还怎么使。负责向学生授课的"德云总教习"高峰就负责教最传统的段子。对于尚筱菊来说，高峰是帮他打下地基的人，师父则是带他跳出地基的人，"比如三番四抖，节奏快了，可以试试两番就抖，因为观众已经坐不住了，他等不到你第三番。"

相声泰斗马三立的经典段子《对春联》里，春联只念一遍。而4月17日在河北沧州的演出现场，岳云鹏把念春联变成了与观众的互动。他先念了一遍，然后又念一遍，接下来就鼓动全场观众。于是，整个体育馆都在念春联。"你现在全中国说相声就这么来回互动跳出跳入的，谁也干不过他，形成风格体系了。"孙越说。

"传统派"可能无法接受这种行为。首先祖师爷没这么干过，其次也是有风险的，观众出戏了，叙事的主线也被打乱了。"怎么跳出得这么硬啊？"孙越最初不是太适应，但他发现观众认可度挺高。他想通了。相声发展到这个年代，是需要越来越多的互动。因为观众也有展示欲与表演欲，"他在去现场听你相声之前，把你的所有相声都在网上听完了。你说什么，他都知道你下边要说什么，他唯一开心，就是你带领他说"。

最能引起全场互动的，当属《五环之歌》。歌词本身毫无意义。每一句都是废话，到了高潮处，"修到七环怎么办，你比五环多两环"，还是废话。他喜欢改编歌曲当包袱放进相声。有好多小包袱台上使一两回还行，往后使就不响，就不用了。《五环之歌》只是岳云鹏众多"小实验"之一，它恰好是一直受欢迎的。

《五环之歌》已经成了岳云鹏的标签。它变成了手机铃声，还被选作电影《煎饼侠》的主题曲。越来越频繁地，岳云鹏的表演，是以全场大合唱《五环之歌》收尾。一个时代有一个时代的主题曲，郭德纲的时代最后和观众一起唱《大实话》，小岳岳的主场上，最强音就是《五环之歌》。

像是一个值得玩味的循环，在他入行初的很长时间里，他没有得到说的机会，他只能唱——尽管太平歌词与流行歌曲本质是两种东西，唱法也大相径庭。"那时候贯口特别吃香，唱不吃香，现在唱吃香了。"孔云龙说。

当初一同拜师的两位面馆伙计，已经很久没坐一起聊天了。"如果有机会，我们哥俩能好好聊一宿。"孔云龙说，"其实会挺长见识的，我想听听外界，那些我们不知道的……当然我也能给他讲一讲队里面发生的事，他现在已经很少来小剧场了。"

当年力主开除岳云鹏的两个人，一个已经过世，一个虽在德云社，但不再登台。

他们叫他相声阿甘。电影里的阿甘天赋不济，却有着惊人的忍耐力，某种程度上，岳云鹏也一样。相声是他18岁前从未接触过的东西，是他饿肚子时候选择的职业，他曾直白地说，学相声是"为了生活，为了养家糊口"。而最后，他爱上了它。

这并不是一个英雄的故事,只是关于中国梦的某种草根样本。整个故事的精华并不在于,一个出身卑微的人最终获得了命运的眷顾,而在于漫长而巨大的失败中,他如何面对自己。

经常有人向岳云鹏表示想学相声。他的态度从来不是鼓励,"想清楚了,没想好不要学"。

在《欢乐喜剧人》录制中,他曾泪流满面。后来,他解释道,是因为看到大屏幕剪辑的喜剧人之路,"所有人在台上那么卖力气"。

他的声音慢慢沉下来:"我突然觉得,好难啊!好难!"

黄渤

忙碌的人
逗着忙碌的时代

正如电影人黄海所说：
"真的不是说黄渤长了张时代的脸，而是这个时代长了一张黄渤的脸。"

时代的脸

影棚里灯光打着的地方只有三尺见方,黄渤拉着一把造型简洁的灰椅子,旋转、倚靠、后仰,像在一个巨大的舞台上和它跳双人舞。

拍照开始之前,摄影师对黄渤说,"我想让你做人群中出挑的那一个""不要那么严肃,多一些表情和动作"。

这也是黄渤留给大众的主流印象。数据能够证明黄渤是这个时代最受欢迎的男演员,在2014年十一长假结束时,他开始被称作

黄渤主演电影《亲爱的》官方海报

"50亿先生",这是他主演和参演过的电影累计票房总和,也是此前从未有人达到过的纪录。其中有11亿票房的上浮仅仅用了一个国庆档,他在这个黄金档期有3部电影上映,喜剧片《心花路放》票房过了11亿,社会题材的剧情片《亲爱的》破3亿,动作片《痞子英雄2》收获2亿——这个成绩在这3部电影中不算高,但位列国庆档14部新片票房第3名——前两名还是他的。如果放在更大的时间维度,黄渤参演的电影包揽了国产电影总票房榜的前三名,而且都是喜剧。

他无疑是个成功者,却始终没有很多成功者周身散发的距离感。他演的角色大多数是令普通人亲近的小人物,而他本人又以幽默、和善,赢得了普遍好评。"没有危险感,反正大家看你这张脸也不会嫉妒,也不会起疑心,对,就是平平常常,跟大家都差不多。"黄渤对《人物》记者说。

出现在摄影师镜头中的脸并不英俊,却趣味十足。黄渤先要求加一条围巾,又把一支烟斗当成一撇胡子,眉毛一挑,亮出吹胡子瞪眼的达利式表情。"谁带了手套?"他接着问片场的人,准备再多摆几个造型。创造力缔造了这种有趣。导演宁浩曾评价黄渤拍戏想法非常多,经常十三四条过去,他还要再试一次。

越来越多的人将黄渤看作喜剧演员葛优的接班人,他们都以饰演小人物著称,都有出色的演技和强大的票房号召力,都因时代折射出不同颜色的光芒。葛优式的小人物面冷心热、愤世嫉俗,面临人生选择时充满迷茫,暗合着20世纪八九十年代中国人处于历史转型期的集体心理。黄渤式的小人物则奋斗在更加焦虑和希望渺茫的时代,在生存一线追求着似乎无法达成的欲望。影评人史航曾对媒体说:"最容易想到的黄渤的表情,是被人责难无助辩解的表情,那也是大多数草根中国人最容易出现的表情。"

观众从黄渤戏中的角色身上找到自己。他多年的搭档徐峥说，观众就喜欢看黄渤在戏里被虐。人们从那些角色身上看到了无奈的自己，又不会折损优越感。"因为我们太苦难吧，对，因为现在工作的节奏，各种生活的压力，以及现在跟着经济增长所带来的一系列附加症状，我们可能需要一些出口，我们需要放松。"黄渤总结他所饰演角色的时代性。

正如电影人黄海所说："真的不是说黄渤长了张时代的脸，而是这个时代长了一张黄渤的脸。"

有时候失败是一件好事

现实中，黄渤的工作正疯狂叠加，无法放松。他一年出现于三部电影、一部电视剧之中，还巡演了一部话剧，客座了两个真人秀，同时接受铺天盖地的采访。媒体期待他又说出什么好笑的金句。这听起来有些荒谬，忙碌的时代盼着一个忙碌的赶场者逗人开心。

黄渤现出疲态，许多次做宣传的时候，他忍不住使劲揉眼睛来抵抗倦意。他开始对媒体说要休息一段时间，去画画、唱歌、旅游。疲惫也来自缺乏挑战。以前演戏的快乐在于琢磨桥段，塑造人物，一遍遍推翻重来，现在是"怎么演怎么过"。他想搞清楚"演戏是为了什么""你要再演一个戏去证明自己吗？好像不用。我要给别人证明我能演这个角色，或者我是一个多么优秀的演员，好像也没有那个必要"。

他没有思考的时间，每一分钟都被填满了。票房纪录天天在刷新，他却感受不到太多情绪。"大家羡慕你黄渤，你看现在真的挺好的。其实你这些东西都没有时间去品尝。其实哪怕是虚荣的，哪怕是这种沾沾自喜的小满足呢，有时间去感受一下其实也挺美妙的，对，悲哀的是连这个时间也没有。"

过去两年，黄渤曾试图寻求失败。他接演话剧《活着》，电影版也珠玉在前，他明白"70%~80%的失败率是肯定的"。周星驰的《西游·降魔篇》找他演孙悟空，黄渤团队全部反对，毕竟《大话西游》中周星驰的经典形象早已深入人心。甚至主持金马奖也是一件危险的事情，"你在台湾的舞台上，从大陆来，又是个后辈，还得开玩笑，那个分寸多难掌握"。但他解释自己有求败心理，"一直在自己可控的范围内去做事情，就会觉得无聊，觉得没有意思。"

《心花路放》上映前，黄渤在满洲里的片场接受过《人物》专访。那个时候他对《心花路放》并未有极高的期待，看到剧本的时候觉得"太散了"。宁浩跟黄渤说要"玩一次"，黄渤觉得也挺好，"谁说每个戏必须要成功啊……有的时候可能的失败，或者某些方面的失败，我觉得是个好事儿"。

结果与其预想不同，《心花路放》在业界没有收获过多好评，但票房却一天一个亿。黄渤笑了笑，"老天对你还不错"。这些事情最终都"成功"了，他所寻求的"应该有一些不一样的东西"仍然没有出现。

你快乐吗

在"破"之前,黄渤一直努力地"立"。他凭《疯狂的石头》出名时已过30岁,他接大量的戏磨炼自己,"有一些阶段,自信满的时候,而且精力充沛,我认为没有什么我演不了"。

那是他的黄金时代,创造性的工作令人着迷。演《斗牛》,一个镜头最多拍了130多遍,他跟导演管虎较劲,你觉得这叫牛×?那我再给一个更好的。

黄渤逐渐发现,演员决定不了电影的好坏,能做到的只是比原来更好一点而已。《西游·降魔篇》里,他对一个情景给出了30个不同的表演方案,但并不知道导演用哪一个,也无法左右成片的走向。他会收到大量的剧本,质量优秀的屈指可数。《亲爱的》编剧张冀曾说过,有时黄渤拿到一个剧本,也不直接说不好,就给导演和编剧读一段,然后对方就"羞愧地低下了头"。曾有媒体问黄渤是否想"流芳百世"。他回答:"现在的时代,不是一个能出这种作品的时代,各个领域都是,人的内心憧憬没有那么大,比较容易混沌。历史的各个时期都有其特点,我们现在不是一个在内心特别充足特别强大的时代。"

票房好了,商业性的本子朝黄渤汹涌而来,"真的去参与这个表演也OK,好,你数字又加了又什么的,那实际意义是什么呢?会让你挺困惑。"

他意识到了问题,工作的惯性却裹挟他继续飞速向前。有许多是人情，"人缘比较好，不好意思拒绝人，别人提出的要求也尽量达到，这不就是个服务型人格吗？"

《心花路放》票房过8亿的时候，片方开了一个庆功会。当时黄渤同时处在《亲爱的》《痞子英雄2》的宣传期，全国各地路演不断，又抽空回京拍摄《鬼吹灯》。现身《心花路放》庆功会时，他因缺觉而隆起的眼袋愈加明显，却在台上充分照顾每一个环节，还尽职尽责地担任抽奖司仪。"我抓紧时间抽奖，让你们吃饭别惦记着。"他对台下百十号来宾说，不时打趣前来领奖的人调节气氛，"哟，这位小哥还嚼着呢。"

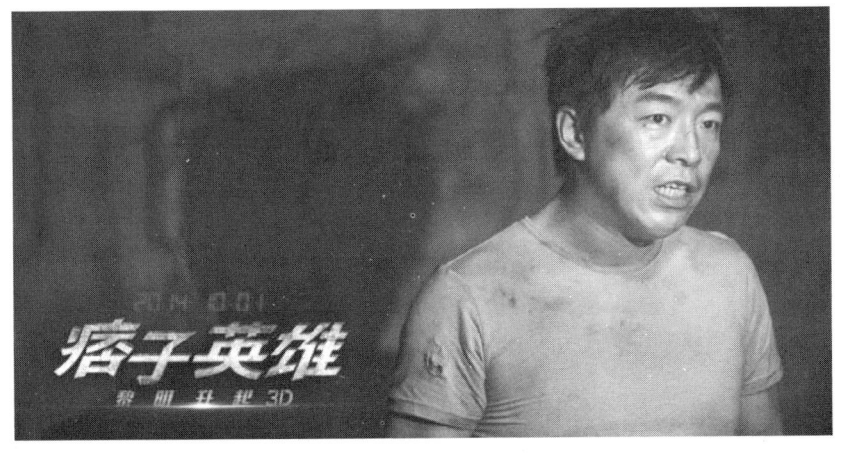

黄渤《痞子英雄》电影官方海报

在台上，他突然说起自己前几天和一位学佛的朋友聊天，那位朋友对他说，让人快乐是一种修行。

"人家说你拍了这么多喜剧，拍了这么多让人开心的东西，其实这也是一种修行；能够带给别人快乐，会有一个很大的福报，我觉得这也挺好。回头想想也是，哪怕时间短暂，进到电影院那两个小时的时间,能够给那么多人带来快乐,真是荣幸的事情。"在摄影棚,他对《人物》记者解释,语速缓慢而温柔。他似乎得到某种程度的慰藉。

"你快乐吗?"《人物》记者问。

"好像没有那么快乐。"黄渤说,脸上挂着习惯性的笑容。

在舞台上大家都是一片小树叶

某一天,黄渤看到新闻上说,《刑法修正案(九)(草案)》将作出修改,收买被拐卖妇女儿童一律入罪。他一下子顿住了,说不出来话。

不久之后,他主演的电影《亲爱的》上映。这部电影关注了几个寻找被拐卖儿童的家庭的故事,涉足了近年来国产片少见的现实题材。黄渤已身为人父,感情体认很容易,只要把剧中儿子角色的名字换成自己孩子的名字,马上感受到了揪心的痛苦,"演一会儿,揉一会儿胸口。但这种戏,不走心又不可能"。

法案的修正与电影上映并无直接联系,但《亲爱的》引发的对打拐的讨论仍令黄渤兴奋不已。"如果说你参与了这个电影,对这件事情哪怕有了0.01%的推动作用,我觉得这都是一个功德无量的事情。"黄渤谈这个问题的时候表现出难得的激动——漫长的宣传期过去后,情绪早已被消耗殆尽——他身子前倾,声音抬高一度,说道"那也就是超出了电影本身实际的作品意义。它也有了一些社会意义,对社会有了一些贡献和改变,那我就觉得挺好的,能够参与这样的事情，它会让你挺兴奋的。"

在谈论了许多劳累之后，黄渤第一次也是唯一一次提到"兴奋"。电影的商业属性已经泛滥，社会属性却鲜少突显。他后来给导演陈可辛发了一条信息，说时间可能会给这部电影一个位置以及相应的尊重。

参演《亲爱的》，黄渤觉得自己的准备时间太少，刚拍完电视剧《锋刃》就进组了，有点对不起这个角色。"拿泥捏一个杯子，好像没那么难，让它别漏水，捏个弯儿就行了。但你怎么把它做得更有质感？"之前他都会留出一个月或半个月准备角色，现在档期紧张，很多导演希望他能出现，说集中拍你，给20天就行，10天也可以。

他记得很早以前，早上起来打开窗，会有特别愉悦的感觉。现在早上打开窗，一想到今天的工作就是一声叹息，被规定着几点通告，几点拍摄，几点赶快去睡觉。"这个就不对了。"他说。

黄渤去年出过一首MV《不醉》，歌里畅饮千杯、肆意纵情是他的理想状态。这首歌的链接曾长期挂在他的微博首页，直到国庆档期，他无法分身3部电影的宣传，首页就改成了——"亲爱的，痞子英雄黄渤邀你一起心花路放地过假期！"

为了避免自己再纠结于工作，他今年到处和媒体说自己要休息，"断了自己的后路"。无论是票房还是社会意义，一个人无法逆救"市"之功。一辈子能做多少事，书写影史的三分之一？他曾经在一次采访中感慨，文艺而清醒，"没可能。大家就是随风散落的一片小树叶，在坠落的过程中舞动得精彩一点或平稳一点各自选择，最终都是掉在地上。"

辑二

PART 2

坚持

...

起落之后，依然热爱

胡 歌

逃跑者

人们总是更乐于目睹一个关于"英雄穿过黑暗丛林"
最终"完成"自己的故事。
然而,现实中胡歌的"英雄之旅"并没有
结束在经典叙事的最后一环:英雄的完成和回归。
他选择了"逃跑"。

跟演戏很像

胡歌先生盯着眼前的两道门,陷入了疑虑。

大约10分钟前,作为留学生的他,先后走进了这两间位于美国加州圣何塞州立大学的教室。

按照课表,当天下午是一节口语听力课。当胡歌习惯性地低头走进第一间教室时,他发现教室里坐了不少生面孔的亚裔同学。他像是一只随时保持警觉的野生动物,立马掉头出来,走进了旁边那间教室。

然而,胡歌发现这间教室黑板前站着的老师也是生面孔。"被认出"的恐惧让他又跑了出来,回到了第一间教室门口。

2017年3月下旬的这个下午,在"做贼"似的上了3个星期的语言课之后,尽管直觉已经给了他危险的信号,但胡歌还是再次开门走进了第一间教室。

最初几秒钟的惊诧之后,他发现这间教室的学生和老师都是陌生人。而在胡歌两次进出后,课上的华裔留学生们发现,那个被"悬赏"寻找多日的男明星,竟然在自己眼前出现了。

"原来你在这儿啊！胡歌！"几个中国留学生激动地跟着他跑出了教室。

"猎物"终于落网了。

过去一个多月里，胡歌来美国上学的消息，成了北美华人留学圈子里的大事件。为了"围猎"到这个在自己声名最鼎沸时选择离开的艺人，一个名叫"北美捉胡歌小分队"的组织，早已充满了4个微信群——共计有超过2000双眼睛在搜索这个叫"胡歌"的男明星。

周围紧绷的态势让胡歌对自己的外形做了一系列调整——他戴了一副宽边黑框眼镜。在这之前，这个道具使用最频繁的阶段，还是他因车祸之后刚复出时。

此外，胡歌还蓄了胡须，并且照着《琅琊榜》导演李雪给他录制的一段教学视频，给自己剃了一个光头。

这一切的"伪装"，胡歌自认为"很完美"。然而，去报到的第一天，他就被认出来了。

那是3月初，一位在办公室负责注册的中国女生，指着护照上面的信息向他发出了询问。胡歌不想骗人，只能恳求对方："你能帮我保守秘密吗？"

女孩同意了他的要求并说道："太神奇了，我昨天还在看你的《伪装者》。"

从那以后，这个因为曾成立一个留学生组织而与校方关系良好的女孩，变成了胡歌的朋友。在她的帮助下，校方给胡歌安排了单独的教室进行入学考试，还把他分到了华人最少的班级。

在班级里，胡歌给自己编造了一个"自由摄影师"的身份。从台上做完口语课的小演讲下来，同学们惊讶于他表达时的自信："为什么你讲的时候这么放松啊，你以前是做什么的？"

他原本想要逃开的生活，就以这样一种方式，再次在他周围铺开。有时，他会以第三者的眼光来观察自己上课和学习的样子，结论是，"跟演戏很像"。

直到3周后，胡歌进错了教室，这种"角色扮演"式的生活才被迫结束。

就在被发现10分钟后，那个答应过为"演员胡歌"进行身份保密的女生紧张地赶到了现场。她发微信告诉教室里的胡歌，"走廊里已经有6个人在等你，我会把她们都劝走，等会儿在下课之前你就走。"

电视剧《伪装者》官方海报

晚上,她给胡歌发过来一堆关于胡歌"被捉住"的微信截图,然后留下一句话:"想想吧,是转学还是怎么办?"

于是胡歌又开始了新一轮旨在摆脱"追捕"的"逃亡"。

趁着接下来的学校春假,胡歌在朋友帮助下迅速转学。然而新学校的中国留学生依旧很多,好在这里开设了"一对一"课程,学校还特地把这位特殊学生的课与其他人的时间错开。

但很快他就感到这一切都"很没有意义,感觉和在国内是一样的,在国内我也可以上'一对一'课程啊"。为了尽量找回陌生和日常感,在课程之外,胡歌又给自己找了一位网球教练练习口语。

这场原本蓄谋已久的中场休息,最终在长达两个月的"躲藏和追捕"中,尴尬地结束。

"两个月,我原计划也是两个月。"他感到未曾经历的"荒诞"和"无处可逃"。

"这么形容吧,我被推到了墙角,然后找到了一扇门,我想,走出了这扇门就没有这么多人了,结果门外全是人。""就像一只想要逃出动物园的老虎,它逃出动物园以后,发现外面是一个更大的动物园。"他觉得自己"有点幼稚",甚至"有点作",而且那两个月过得也"并不开心"。他自己也承认,"这是一次失败的逃亡"。

但这场发生在中国当下最炙热红星身上的逃离事件,连同过去两年胡歌因电视剧《伪装者》《琅琊榜》热播而引发的巨大关注,已经共同成为他所身处的当代名利场,最戏剧化的故事之一。胡歌也以这个罕有的选择,在"明星制"所塑造和控制的巨大系统中,划下了一道相反的运动轨迹。

事先张扬的逃离

在以"失败""荒诞"结束这场"逃亡"之前,胡歌的这次位移,是以一场事先张扬又盛大的送行仪式开始的。

那是胡歌从2015年开始,因为《伪装者》《琅琊榜》《大好时光》的连续热播而带来的漫长颁奖季和加冕仪式的其中一场。

2017年2月27日,在东方卫视主办的"中国电视剧品质盛典"上,胡歌获得了压轴大奖"年度卓越品质之星"。在颁奖环节,主持人动情地宣布了胡歌即将前往美国游学的消息,并适时地请出了一众嘉宾。

本属于个人的计划突然被公开,台上的胡歌"站不住了"。

当天晚上,胡歌的剧迷兼官网工作人员小雅也在现场,平日只要有可能,她就会参加胡歌的公开活动,但那天的活动让她"特别难过"。

当主持人说出胡歌即将留学的消息,并将袁弘、林依晨、扎西顿珠等人请出时,小雅记得胡歌"前面说了一些感谢的话,感谢了一半,他说不下去了,然后就转过身去。足足有两分钟的时间,现场的人就一直看着他,一点声音都没有,大概有两分钟他才转过头来,然后摇了摇头,低着头说了一句'不说了'"。

后来再看网上热搜的视频时,小雅发现胡歌背过身去的那一段被剪掉了,只留下他后来勉力讲的一段话:"我现在快站不住了,我的初衷是想安安静静地走，安安静静地离开一段时间，没想到今天我自己的这事被放得那么大。"

那一刻坐在台下的还有电视剧导演张黎。因为此前两部剧合作，他和胡歌成了师友。在他眼里，那段炽烈声名下的胡歌，是"胡歌走到了一个十字路口，他想走，但实际根本还没想好怎么走，人家就把他给送走了，他连走的地方都没联络好"。

面对突如其来的盛大送行，胡歌记得自己"骂了一句脏话，我在台上跟老袁说的，反正我一说他就明白了"。

而胡歌的老同学袁弘也在这个环节的一开始，就感受到了胡歌的惊诧和不适。他回忆此前胡歌确实说过想去美国待一段时间，但具体去干什么或者待多久，胡歌自己也没有想清楚。

"主办方也不是恶意，当场就在台上跟全世界宣告胡歌想要息影一段时间，去美国充电，想要读导演，以胡歌的性格又不可能在台上当着所有人的面去驳斥对方。"

袁弘看到了台上的尴尬，两人下台时，他小声地问胡歌："怎么样，被架这儿，台阶不好下了吧？"他记得胡歌听了以后，特别无奈地瘪了瘪嘴。

那个时刻，胡歌想到了"逃跑"，这是最直接的办法。

"我当时心里就想逃跑，但是我看到台上有这么多朋友因为我而来，我就知道自己跑不掉了。如果没有请这些朋友的话，一看那个架势我可能就走了。"

2017年11月15日上午11点，距离那场盛大而又张扬的逃离8个月之后，胡歌出现在《人物》杂志封面拍摄现场。自称"在岗位之外晃了很久"的胡歌又回来"上班了"。下午他还要参加"《猎场》开播盛典发布会",重新回到红毯、签字板、惊呼和无数镜头组成的世界。

"换个动作吧。"摄影师发出指令。胡歌先是挤出一个笑容,然后摆摆手,戏谑似的环顾周围站着的十几个人道:"'闲杂人等'……'闲杂人等',请不要在这儿逗留。"

过了几秒,他又有些抱歉地仰脸笑道:"没有,我开玩笑的,我开玩笑的。"但旁人还是从他尽量避免尴尬的努力里,感受到了他重新回到镜头前被围观的不适。

这些"不适",连同2017年上半年的那些"离开""送行""伪装""躲避"和"追逐",让胡歌联想到了动物园的"动物"和"笼子"。

那是从美国回来后的一天,他去参观上海野生动物园。

"感触挺深的,本来我想象中,野生动物园的动物比一般动物园的动物自由,的确,它们比一般的动物园要好一些,不是完全被关在笼子里的。"

胡歌联想到上半年出国的经历:"这次出走,是不是我偶像包袱还是没有放下呢?如果我不在乎被认出的话,可能也能像野生动物园的动物一样享有部分自由吧?"

然而他还没走出"野生动物园",被游人拍下的照片就已经被新闻客户端以"胡歌现身动物园引围观"的标题推送了出去。

15年前,胡歌还在上海戏剧学院上学。他给个人网络空间取了一个名字,叫做"动物园的故事"。

结果在那之后的15年里，胡歌真的长成了名利场这个大"动物园"中的一只动物。

"有时候我觉得'胡歌'已经不是我了，因为很多时候，我在做大家心目中'胡歌'的样子……我有时候也在问'胡歌'到底是谁？我到底是不是'胡歌'？'胡歌'好像已经不是我了，而是一个符号，是一个大家心目中的人。"在接受"腾讯娱乐"和"凤凰非常道"采访时，胡歌曾这样描述成为明星后，他在自我认同上的困惑。

2016年8月10日，胡歌发了一条微信朋友圈，上面写道："若不忘初心，又何必执迷于演员这个职业呢？该得的都得了，该受的都受了，难道我不应该把我还给自己吗？我的意念和身体早就南辕北辙了，剩下的只会是更激烈的撕扯……"

很快，这条朋友圈信息被更多人看到。胡歌的一位老朋友告诉《人物》杂志："胡歌已经完全被'绑架'了，他最后要追求的东西可能是自由，内心的这种痛苦，他一定是想要挣脱逃离的。"

一个自己的房间

"逃跑"和类似"逃脱"的动作，在过去35年里，始终和胡歌相倚。

他记得自己小时候是一个特别内向和害羞的人，除了能跟家里人正常交流之外就不太说话。

他不喜欢去幼儿园，"见到陌生人也永远躲着，去到陌生的环境里,也很难和小朋友打成一片"。

这种感觉直到现在也有。比如刚进一个陌生的剧组,"肯定前一个礼拜状态是最不好的"。

从小时候到现在,猫都是他生活中的重要角色。2015年拍《猎场》的时候,他把5只猫都带在身边。

"我跟猫很有缘分,我出生那天,我们家门口就来了一只黑黄白夹杂的小猫,怎么赶都不走。我从小就跟这只猫一块玩儿大"。后来,这只猫误食了老鼠药,死了,胡歌把它葬到了弄堂的花园里。

而他和猫一般"近似孤僻"的性格,也让父母一直很担心。5岁时,为了锻炼他与人交往的能力和胆子,父母把他送进了当时上海最有名的"小荧星艺术团"。

但在"小荧星"学习的五六年时间里,"每个周末去上课,都是爸爸逼着我去,我一直处于'下游的下游'的水平,我一直躲在最后面,非常被动地在学习"。

在美国念书期间,胡歌在国内一本杂志开设了专栏。在一篇名为《我们的故事》的文章里,胡歌写道,"我骨子里的性格,并没有因为'小荧星'的这段学习经历而改变",但他"学会了表演性格,表演开朗,表演阳光,学会了不再让家人担心"。

上小学后,他又在老师的推动下,陆续参加了朗诵兴趣班和徐汇区少年宫话剧团。这两个组织的指导老师何莹,被胡歌称为他表演方面的启蒙老师。

何莹记得:"胡歌的天性是缩在后面的,不是那么喜欢表现自己。在表演课上,他一定不是那个举着手让老师看到的学生,他是希望老师最好不要叫到他。"

有一次何莹让学员们做一个主题为"看望病人"的课堂练习。那一回,胡歌被叫到了,他紧张得满头汗,说不出话,结果最后分数被评定为不及格。那天以后,胡歌就离开了话剧团。

虽然有违于本性,但他继续在学校里参加了大量的文艺活动。

"这些抛头露面的活动,我没有享受,也没有不喜欢,因为小时候很听话,老师叫我做什么我就做什么。我也没有觉得我有这方面的天赋,因为我每次完成任务的时候都觉得挺累的,要花很多力气才能把这个任务做好。"

在家里,胡歌也是一个异常听话的孩子。在他一年级的时候,母亲患了重病。从那时候开始,原本醉心工作的母亲,从爷爷奶奶那里全面接管了胡歌的生活。

在学习上,母亲对胡歌的要求极为严格。他还记得有一次考试只考了不到80分,"回去就挨了一顿暴揍"。

在包括祖父母在内5口人居住的30平方米的家里,他对母亲"犀利的眼神"印象极深,"我没有自己独立的生活空间,永远是活在她的注视之下"。

此外,父母还经常在逼仄的家里争吵,这给少年胡歌带来巨大的不安全感。他想逃开,但是幼年的他没有能力做到。有时候放学了,胡歌也不愿意回家,有时候就选择一个人在外面多待一会儿。

直到初三时,母亲被单位分了一间小房子做福利。那是一间朝北的老屋,基本没有阳光。他找了一个借口,"选择了逃避"。

"我说初三快中考了，我要复习功课，还要给学校广播台写稿子，所以初三起我就自己住了，每天放学后去爸妈那儿吃个饭我就走了。"

那间屋子外面的墙上，老有一只猫出现，胡歌天天看到它，它在那里一直从初三住到了大二。

这间朝北的小屋，成了少年胡歌的庇护所。很快，这间小屋也成了同学间的一个小据点，常常"一副牌玩到天亮"。

但那种委屈一直没有消失。直到现在，"有时候在家父母只要说话声音一大，小时候的不安感马上就来了"。

甚至长大后去见自己的偶像，胡歌也紧张到想逃走。数年前，岩井俊二来上海举办音乐会，朋友帮他约了岩井俊二一起吃麻辣火锅。去之前，胡歌又开始紧张。

"本来他们已经说好了地方，我开着车到了那个火锅店，犹豫了一下，没停车又开走了，我给我朋友打电话说我不来了。我说我太紧张了，见了他也不知道说什么，还是走吧。"

这种与外界交接时的距离感，一直伴随着胡歌从一个被动的少年文艺积极分子，成为如今出道已经15年的大众明星。

"我从小就有人群恐惧症。"

直到现在，他依然对人群怀有不安。每次出演话剧《如梦之梦》前，他都会早早地躲在后台边，"看观众席里的人越来越多，慢慢地空位就填满了，我就有一个心理准备，哦，今天是要面对这么多人"。

而在工作场合，他会迅速地调动起另外一个自己，扮演一个活泼的胡歌，"那是一个职业频道"。

但在他的"私人频道"，在真正的朋友能够进入的空间，他越来越不惮于表现出自己的"不耐烦"和想要"逃离"的念头。

2016年5月30日，是好友袁弘在国外举行婚礼的时间。那段时间，正好是胡歌"情绪最不好的时候"。本来已经答应对方要去做伴郎了，但在婚礼举行之前，胡歌又犹豫了。

他记得那天是5月20号，袁弘正在宁波拍戏。

"我跟他说我不去了，人一多或者说心烦的时候我就想要躲开。他一直在劝我，希望我可以去，他说都安排好了，4个伴郎对4个伴娘，少了一个不好安排。"

那段时间，袁弘已经发现胡歌会"不时消失几天、一个星期，过一阵，他微信上告诉你，'回来了，别担心，没事'"。

"有些人是特别善于和别人打交道的，我就缺少这方面的东西。"胡歌解释，"我消失也不是说只在家里待着，我只是从这个虚拟的世界里消失了，想一些不着边际的事，比如说生命的尽头在哪里。"

关于生命和死亡的话题，胡歌从小学三年级的自然常识课后就开始自己琢磨了。那是他第一次去想，人从哪里来，人死了又会去哪里。他感到"原来人的生命如此短暂"，而死了之后，会"进入一个极其极其冗长的阶段"。

自那以后，他开始特别害怕睡觉，"很害怕第二天会醒不过来……然后我就会想尽一切办法不让自己睡着，比如躺在床上脑子里开始想各种各样的故事，然后把自己带入这个故事里，就是不睡"。

你好好睡吧

"小伙儿，你好好睡吧！"

10多年后的2006年8月29日深夜，胡歌和同事张冕正坐车行驶在沪杭高速去往横店影视城的路上。为了让之前一夜没睡的胡歌能够躺下休息，张冕从后座换到了副驾，留下了那一句话。

这之前一个月，胡歌所在"唐人公司"制作的电视剧《射雕英雄传》刚开机。他和张冕是在2005年北师大主办的北京大学生电影节上认识。那时张冕还是北师大的学生。那是胡歌出道后第一次走红毯。胡歌记得，他从上海七浦路买了汗衫和短裤，全身不超过200块钱，在红毯上走着走着就摔了一跤。

暗夜里，平常总是失眠的胡歌，在车里睡着了。

等他再醒过来时，一次剧烈的撞击已经过去了。在少年时，因对睡着和死亡的恐惧而迟迟不敢入睡的胡歌，竟然在多年后的一次睡眠中意外体验了濒死时刻。

但对于这个时刻，他的记忆始终是缺失的。他只记得自己有意识的时候，已经依稀能看到警车红蓝色的光，他感到右脸摸上去如同生猪肉，脖子一直在流血，伤口能嵌进半根手指。死亡的恐惧让他开始大喊救命。

一天后的31日下午，经过6个半小时手术后的胡歌，在他公司老板蔡艺侬的打点下来到香港，住进一间私人医院的病房。在之前的

24小时里，关于演员胡歌遭遇重大车祸的消息已被公众所知。

医生说"能够保全性命，并且右眼没有失明简直是奇迹"。蔡艺侬回忆，胡歌的脸上"布满针线，像刚从裁缝铺出来一样。去香港便利店买东西，付钱时店员都不敢正视他"。

蔡艺侬拿走了胡歌的手机，严格封锁了张冕因车祸去世的消息。在还不知道这一切之前，胡歌对这次意外的反应，更多是"松了一口气"。

胡歌在镜子里看到缠满绷带的脸，他想"反正已经帅了24年，现在终于可以做幕后了，一下子就如释重负，心情可好了，大家都觉得我疯了，以为我是受了刺激……但我始终觉得自己没有做好准备，就一下子被推到了舞台上面，那一刻我就觉得，啊，我可以休息了，哎，我可以不做演员了"。

"做幕后"一直是胡歌的心结之一。高考时，他同时拿到了中戏导演系和上戏表演系的通知书。

他从小学起开始拍广告，慢慢地对广告制作产生了兴趣。一位长辈告诉他，要做广告行业，最好去学导演而不是广告专业。

高三艺考时，为了增加考取中戏导演专业的胜算，他在去北京考试前留了一脸胡子。最终他以专业第二名的成绩拿到了录取通知书，但后来考虑到家庭的原因，他留在上戏学了表演。

在意外发生之前，胡歌已经是当年最受关注的年轻男偶像之一。按照他自己的说法，那之前的他一直是一个幸运地留着"花仙子"一般长碎发的男星。他有足够多的能让他在这个圈子里充满竞争力的硬通货——一张英俊同时带着少年气的脸，而这张脸，是胡歌同时作为偶像和商品这一体两面的最核心构件。

然而，这张本来完美的脸，在一场意外里，破碎了。

胡歌不讳言他和公司在"脸"这个问题上的分歧。当他为"捡回一条命，以后终于可以做幕后"感到庆幸时，公司想的却是如何尽快将这张破碎的脸修复如初。

如果说在这之前，"明星制"还只是在规训和塑造胡歌作为明星的工作和类型，那么那场意外之后，"明星制"开始表现出它更强大和冰冷的另一面行事逻辑。

在这些没有停止过的争取、妥协和角力中，在消化张冕去世的巨大失去和悲痛中，在一次接一次的拆线、缝合和整容手术中，胡歌竟然也罕有地拥有了一段能够独处和逃脱摄像机关注的空间。

在后来回忆这段经历时，胡歌写道："考入上戏，进入演艺圈，觉得自己被卷入了一个巨大的漩涡，越陷越深。"

在香港酒店40平方米的房间里，他大声唱歌，抱着一只枕头跳舞。"没有接不完的通告，没有推不掉的应酬，这次意外让我的生活变得简单而有规律。"他认为这是"另一种自由"。

但"自由"的时光很短暂。更多时候，他要打起精神，配合公司为他复出所做的缜密安排。

他记得有一次，他和蔡艺侬前往韩国拜访整形医生。在一家医院，一位著名的整鼻专家针对他的情况，提出全麻、插鼻管、植皮的手术方案，胡歌听完就想放弃了。他不想再为"所谓的完美"去承受生理痛苦。

这一次蔡艺侬尊重了他的决定。胡歌抑制住"胜利大逃亡的喜悦……一头钻进了汽车，想赶快离开这个地方"。

每一寸皮肤都是商品

"逃跑"似乎并不应该是"明星胡歌"生命序列中的关键词。

毕竟,在意外发生之后的相当长一段时间内,与胡歌这段经历联系最紧密的词汇,通常都是"涅槃"和"重生"。

从历史或者更久远的集体心理积淀出发,人们总是更乐于去目睹一个关于"英雄"在"穿过黑暗丛林试炼"后最终"完成"自己的故事。这样的理想故事,按照著名神话学家约瑟夫·坎贝尔在其著作《千面英雄》中所归纳的,正是一场完美和激动人心的"英雄之旅"。

巧合的是,在中国演艺圈,你可能很难再找出一位像胡歌这样,扮演过那么多"英雄"和神话人物的男明星——《仙剑奇侠传1》中的李逍遥,《神话》中的易小川,《少年杨家将》中的杨六郎,《射雕英雄传》中的郭靖……

然而,相比图书和戏剧里那些英雄叙事,现实中胡歌的"英雄之旅",并没有结束在经典叙事的最后一环:英雄的完成和回归。

他始终在逃离。

他甚至不想继续在外间看来励志又昂扬的复出程序。但在接近10个月的休养和治疗中,公司和合约会不断提醒他:你还有"债"没还清,你还背负很多人的"期望"。

特别是当公司跟他说:"'我们不换人(指郭靖一角不换人),全部停机等你',从那一刻开始,我的压力就已经超级大了,并且从那一刻开始,我就知道我接下去做的每一件事情,其实都是在为了这么多人的期待。"

在等待剧组复拍的日子里,剧中黄蓉的扮演者林依晨临时决定去纽约进修两个月的表演工作坊。"如果不是这件事的发生,这个决定可能会一直遥遥无期",从好友的意外里,林依晨领悟到"想做的就要马上去做"。

胡歌的发小庞云则感慨命运的奇诡。初一时,他和胡歌在何莹老师的话剧班里认识,慢慢地,两人成了好朋友。但自从庞云初三从上海回到贵州老家后,他们有七八年的时间失去了联络。

再见面时,已经是2004年。那是在一间超市里,胡歌穿着一件黑色皮衣走进来,偶遇的两人互留了联络方式。庞云记得,那天下午,胡歌买了水就坐车去横店试戏了,当天晚上他就被确定出演《仙剑奇侠传》的男一号"李逍遥"。

但两年后,胡歌又一次成了演艺圈的新人。最终,复出发布会定在了2007年6月22日——车祸发生后10个月。

胡歌回忆,在那10个月里,他有很多决定都跟公司的安排不一致。"或许自己的个性不太适合做艺人吧。想象着要去面对镜头的时候,会有一种抗拒,甚至反感"。他觉得自己"真的不想回到镜头前面来,完全没有做好准备,但是又不得不回来"。

发布会前几天,"逃跑"的念头又跳了出来。

他开始在家收拾行李,并确定了两个选择:一是去寺院里做和尚,二是去旅行做浪人。想到还有很多地方没有去过,他最终选了第二个,"打算到火车站随便买一张票就上车,到哪一个小站,转一转,再上车"。

他最终打消了那个念头,怕"如果这么一走了之,会辜负大家的准备"。对公司和朋友,他是"又爱又恨"。

"爱是因为我很感激他们一直陪伴我照顾我,我也相信他们让全剧组停工等我是为了我好……恨是因为,我觉得他们可能没有站在我的角度,去考虑一下我的感受。逃避也好,退却也好,我觉得如果我不回来,我自己心里会更好受一些。"

此外,胡歌觉得复出时自己从生理上、心理上都没有恢复好,但他也知道自己不能让剧组和公司再等了。

"唐人当时是小公司,可能这部戏没完成就是一个毁灭性的打击,其间有争执或者说服,但我没有选择。因为我做不了任何决定。"

作为国内"明星制"和"偶像剧造星机制"最早同时也是最大的受益者之一,在很长一段时间里,胡歌被称为"古偶第一人""横店王子""大陆初代小鲜肉"。但他同时也是"明星制"最大的受害者之一。

正如法国社会学家埃德加·莫兰所说:"明星是彻彻底底的商品:他们身上的每一寸皮肤,他们心灵的每一次悸动,他们生命中每一个回忆,无一不能投向市场。"

而"作为偶像的明星和作为商品的明星"是同一现实的两面。只有当这个商品破损,尤其是这个商品最核心的构件——脸,美貌,受到破坏时,作为偶像的明星才会感受到他同时作为商品存在的这一面。

对胡歌来说,在经历车祸这场巨大的意外和失去后,他比更多同行意识到自己作为"商品"的残酷一面——"明星制"挑选他,喂养他,塑造他,包装他,售卖他,同时也控制他,束缚他,修复他，限制他。

于是，他"硬着头皮"回去了。

在复出后参加的几个电视访谈里，还能看到胡歌那时的样子。他穿黑色外套，戴牙套和黑框眼镜，身材单薄，视线总是往下，如同一只惊惶而萧瑟的鸟。有嘉宾坐到他身边时，他会双手抱紧一只粉色的玩偶，不断用一种善意支撑起来的勉强，重复讲述那场意外里的自己。

等回到"射雕"剧组，林依晨发现，两场戏的间隙，胡歌不再像以往一样和谢娜、袁弘一起打闹，"他常常会发呆或者放空"，"他不再是那个大漠上无忧无虑的郭靖了"。

"补妆的次数也增加了，"林依晨回忆，"要填补那个凹槽，因为那样子疤痕的复原是需要好几年的，所以它有一些色素跟凹凸程度上的不均匀。化妆师补得也很紧张，补妆时间久了一些，胡歌表情开始有点木然。"

当时在剧组担任副导演的林佳俊回忆，复拍后，调整布光成为剧组常态。在胡歌记忆里，那是他演艺生涯里"最艰难的时刻"。

"他们会悄悄地说，可能这个角度拍得不好看，要换一个机位，然后要重新布光。拍完一条，我就站在那儿，我想等着导演告诉我哪儿不好，但是我就看见他们在那儿窃窃私语，然后身边的工作人员就开始动了，哦，我就明白了，然后在那一刻我就觉得，哇，我在这儿干什么啊？"

但这时的他，已经不能像复出前那样去想象和设计一种"逃跑"的方式。

他感到命运的"讽刺"——就在车祸发生之前,他们刚刚在内蒙古草原拍摄完了"射雕"大漠的戏份。袁弘和林依晨都认为那是大家"最快乐的一段日子"。

那段日子,有繁星,有青春,有草原,以及尚未离开的朋友。

胡歌记得,某一天,大家在草原上发现了一种叫"闷倒驴"的当地酒。他和蔡艺侬打赌,如果蔡艺侬能吃完盘子里所有的大馒头,他就喝下一瓶"闷倒驴"。

"大家纷纷表示,谁闷倒了谁就是驴,而且这个人必须背大家回去。"结果胡歌闷了一瓶,谢娜闷了半瓶,剩下的半瓶,张冕闷了。"回去的路上,大家还互相背,在那个星空下,大家傻笑。现在想起来,那是在车祸发生之前,最高兴的一次了。"

等再回到复拍的"射雕"剧组,胡歌的右眼睑多了一个伤疤。最终,从内蒙古草原开拍的剧,在浙江象山影视城的海边杀青。

杀青那天,拍完了最后一个镜头,导演李国立刚喊"咔",或许是害怕剧组整他,把他扔进大海里,或许是害怕从这个剧组离开后,"不会再有其他人这么照顾他",最后一个镜头结束后,胡歌还没换下衣服,就跑了,"疯狂地跑,跑,跑,跑着,跑着,眼泪就流下来了"。

我们逃跑吧!

回归后的胡歌,延续着公司为他安排的"古装偶像"戏路。能够遮住伤口的刘海,也成了蔡艺侬为他制定的演员合同中的必备造型条款。

"射雕"后,香港导演马楚成找到他出演《剑蝶》中的一个反派。但演完后,胡歌很受挫,他发现自己"离导演的要求好远啊,好像达不到他的要求",觉得自己"可能也的确是在自己的套路里走不出来了"。

那段时间,发小庞云和老师何莹也开始频繁地建议他转型。

庞云记得那时两人一见面,就抨击他:"这什么东西啊,不行不行,像小孩子的东西,我看不下去了啊!你要转型!"他记得胡歌也不反驳,"就笑着说,对对对,是的,是的,他说其实他自己也看不进去"。

但因为长久以来的类型固化,能供他选择的剧本还是以飞来飞去的仙侠剧为主。2009年,他又在横店拍摄"仙剑3"。这又是公司制作的戏,"不拍,也不知道能干吗。"

在组里拍了一个月,那个想跑的念头又冒出来了。

"我说好无聊啊,每天都在那儿嘻嘻哈哈,蹦来跳去的,我就觉得我干什么啊,每天我这是在演什么呢?在这里浪费生命,我就不想拍了。"

他开玩笑似的怂恿助理小凯:"我们逃跑吧!"小凯愣了一会儿,说"好啊"。

想要离开古偶套路的念头一起,胡歌就开始了自己的行动。次年在拍摄穿越剧《神话》时,胡歌决定不要刘海了。这之前因为要对这个伤疤遮遮掩掩,造型非常受限,他觉得"自己其实演得也很不舒服，一个大将军，还留刘海的话，角色不成立"。

蔡艺侬听说之后就慌了。在后来接受"腾讯娱乐"的采访中，她回忆自己"赶紧联系监制，带着胡歌去阳光底下拍一段动态视频，评估这个造型可能造成的后果"。最终胡歌决定了自己刘海的去留。

之后《神话》的热播，又让更多类似的题材和角色找了过来。胡歌意识到，如果还是按照惯性这么接下去的话，"表演这件事我可能就到此为止了"。

《神话》播完后，他回上戏读书去了。

大学时因为常常请假拍戏，他还有22个学分没有修满，毕业证也没有拿到。那期间，他接了一部现代剧《苦咖啡》，虽然播出效果并不好，但他决定了"转型是一定要做的一件事情"。

从2010年开始，胡歌一心决定关闭古装连续剧的通道，他希望能有机会回到话剧舞台重新学习表演。正好有朋友在新闻里看到了这个消息，就向《如梦之梦》的导演赖声川推荐了胡歌。

其间，张黎拍摄电影《辛亥革命》，找到胡歌出演林觉民一角。张黎觉得胡歌能行，因为"经过生死的人一定不一样"。但投资方"想他一奶油小生，怎么能演这个角色呢"。张黎记得那时"不是一点质疑，而是真的质疑"。

但离开长刘海和古装戏服的胡歌，明显比过去开心了。在庞云记忆里，2012年、2013年的胡歌，"还是比较开怀的吧。没有人关注他的时候，他其实过得挺多笑声的"。

胡歌的朋友、制片人胡凡也有同样的感觉。她记得2012年冬天,"有一次在上海,吃日料,他一阵风似的跑进来。穿花毛衣还是什么的,还戴个帽子,特别开心,说接话剧了,打算在演艺上进步,那个时候胡歌是特别坚定的"。

那两年,胡歌有了更自由的时间规划。2013年6月,在话剧《如梦之梦》的上演间隙,胡歌作为环保公益组织"绿色江河"斑头雁项目的志愿者,第一次去了长江源头的沱沱河。

在人烟稀少的长江源,胡歌看到了冰川融水汇集成的通天河辫状河道。那天正刮大风,下着霰,与胡歌同期在站上服务的资深志愿者韩李李,在帐篷里远远就看到胡歌扑通跪在草原上,久久匍匐在雪山之下。

在出道10年后,胡歌在那里感受到了自然山川的辽阔和自由。一周后,要返程了,走之前,胡歌对韩李李说:"我明年也要来,我就来做志愿者,不通过公司,是我个人行为,我也要在草原那个帐篷里面,待一个星期,两个星期,待一个月,最好这样子。"

他的优美在于他的惶恐

胡歌承诺的"明年再来"却没有兑现。

直到3年后的2015年底,韩李李突然收到胡歌的微信,他说"如果明年你们有项目需要我的话,随时跟我说",然后他告诉韩李李,明年他准备不拍戏了。

韩李李回忆,这期间"我们没有主动约他,是他一直跟我说,他还想去,但是没有时间,因为2014年、2015年他特别忙"。

2016年6月,胡歌安排出了一周多的时间。在临出发去格尔木进行海拔适应时,他的奶奶去世了。于是原先定下的时间要改,但他坚持尽量不往后拖太久,因为"后面还有事,好不容易等到这个时候,不想上来只有两三天,什么都干不了"。

参加完奶奶的追悼会,胡歌一个人从上海飞去了格尔木。在旅馆里,志愿者们一起聊天,总会被敲门声打断,不停有粉丝找过来跟他合影。

韩李李建议自己去帮他挡一下来人。"他说不用不用,说他也没做什么,就能让别人开心成这个样子,也是挺好的。"

几天后,霍建华、林心如宣布结婚,同时间胡歌在青藏公路沿线捡拾垃圾的照片成为各大平台的头条和热搜。相比3年前第一次去参加"绿色江河"的活动,凭借《琅琊榜》《伪装者》再度爆红后的胡歌,一举一动引发的关注体量都不再与过去相当。

但或许只有胡歌自己,才明白名利以不可想象的速度和密度涌来时的感受。袁弘记得自己结婚前,胡歌开车来宁波找他的那次,胡歌拿出手机给他看里面2000多个未接来电和2300多条未读微信。

"他从来就不是一个太会拒绝别人的人,那么一个好说话的人,然后再一红,找他的各种人和事特别多。当他不知道怎么去处理的时候,他可能就会选择,也不能说逃避吧。很多人跑来问我说,哎,胡歌怎么不回微信呢,我只能告诉他们他有时候不太用微信。"

在袁弘看来,"在很多人那里不会成为压力的东西,在胡歌那里却会成为压力"。他发现这两年,公众有一种趋势,"把他越来越往神坛上推。好像他各方面都是完美的,但是你知道人没有什么完美,而且我相信我了解的,胡歌这个人他不希望别人把他想象得太完美了"。

但眼下,胡歌俨然已经成了演艺圈和名利场中稀有的完美明星、三好学生、业务标杆、道德模范、励志偶像和转型楷模。

袁弘觉得胡歌"在做的很多事情,是与偶像这个东西背道而驰的……我觉得他是有理性在控制这个东西的,一直在逃避这样的东西"。

然而人们迷恋偶像的树立,正如期待它某天倒掉一般。

《人物》杂志第二次见到胡歌,是在北京国贸的一间酒店房间。这天,胡歌只带了一位工作人员。司机把车开到酒店门口,一个戴着鸭舌帽和墨镜的高大男子低着头下了车。

在房间沙发坐下后,他把一只打火机和一盒还没有拆封的香烟放在了腿边。坐下后主动找话题热场的胡歌,令在场者放松。

但在谈话的5个小时里,他始终没有拆开那包香烟。

袁弘觉得胡歌"有时候会不介意在公开场合抽烟,他不是故意地要去给人家看,可能他也不是那种抽烟特别凶的人,但是他会告诉大家我也是一个普通人,我也有一些不好的毛病,我觉得他这种时刻其实是想要传递这么一个信息"。

过去10年里,独力对"明星制"的规训和束缚进行松绑的胡歌,因为近两年两部戏的热播,又一次被送上了名利场声望的巅峰。

这一次,因着技术、资本和互联网对现代社会的布控,"明星"制对他产生的缠绕和公众对他的神化,已经到了让他正常生活状态随时熔断的边缘。

在达到个人声望的巅峰时,有关胡歌的"英雄神话"也同时到达顶峰。不论是现实维度里的"明星胡歌",还是作品中的角色梅长苏,都引发了公众猛烈的解读热情。

如同作家的"那一本书",歌手的"那一首歌",梅长苏是演员胡歌的"那一个角色"。

导演李雪觉得:"《琅琊榜》不好复制。其中有一个无法复制的,是胡歌对这部戏的贡献,就是他自身的经历,自身重出的这个状态,跟梅长苏的状态有些契合,这个东西可遇不可求。"

"既然活下来,就不能白白活着。"胡歌从中看到自己前半生的一些重要段落。他发现,梅长苏和《伪装者》里的明台,有一个共同点:都因为一个偶然的意外,获得一个不断需要扮演和隐藏的身份。

胡歌觉得,"其实梅长苏就是一个演员。他把过去的自己完完全全地藏在里面,不仅是换了一个样貌,他所有的一切都改变了"。

演员胡歌的生活,也在这两部剧播出后发生了不可逆的改变。

庞云发现《琅琊榜》火了之后,胡歌给他整个人的感觉"都是迷失的,和他车祸受伤的时状态差不多,好像是他碰到什么了事,整个人的头都低下来了,不像别人是,啊,我火了,我头抬起来了。他越红我越是担心他"。

现在他们两个人见面,"像做贼一样"。庞云一见他就会叹气,"像你这样的日子,给我一辈子,我也不要,太痛苦了呀,每天都在所有的聚光灯下，每天都受到所有人的关注，你再给我多少钱，我也不会干，打死我也不会过的，当然我也过不到。他也认同，他说唉，怎么办？"

好朋友林依晨也发现了胡歌最近一年多的"不快乐"。她记得某次颁奖礼后和胡歌一起吃饭，"我说'恭喜啊，作品很受欢迎'，然后他露出了一丝不屑的表情，看见那个不屑的表情，你就会明白，那是对他的报道和褒扬，他感觉都名过其实"。

一个曾经的古装偶像剧明星，一张曾经和死亡擦肩而过的差点被毁容的脸，如今成了最受关注和肯定的实力派。大众永远偏爱这样的故事，人间永远需要这样的"神话"。

而导演姜伟是这个故事最关键转折处的目击者。他记得拍《猎场》的时候，正是《伪装者》和《琅琊榜》连着播的时候。围观胡歌的人与日俱增。他感慨，"过去拍那么多戏，没有一个戏在拍的时候，这个主演正好是当红炸子鸡"。

他记得那时正好在某学校拍一场戏，胡歌冲着女生宿舍喊女主的名字，宿舍里围观的女生太激动，拍照的时候手没抓紧，"哐哐哐一下子掉下来几个手机"。最后人太多，没法取大景，只能取女主那扇窗户。

在《猎场》拍摄的153天里，胡歌发了唯一一次火，"那是在车站拍戏，有个围观的人一直拍他，他说了几次还在拍，正好对着他的视线，他就受不了了，冲那人大吼了一声'躲开！'"。

导演张黎的合作者、制作人胡凡，是胡歌多年的好朋友。2015年底《猎场》拍摄时，胡凡去剧组看他，"他把5只猫全带去了，他住的房间里乱七八糟的，我说'一屋不扫，何以扫天下'。他说

'我就是乱，我现在特别乱，我根本就不愿意……'那种乱，是他对自己的一种放弃，所以他才会那样"。

那时候胡歌已经获得了一些奖项，但还没么多，最多的时候是十一二月份。胡凡觉得，"这个名和利来得太猛，他已经被推到那个位置上了。然后他说'我何德何能，我凭什么拿那么多钱'，从上午说到下午，我就陪着他，一直到他出工"。

在胡凡的印象里，那时候的胡歌已经开始面对"无数的戏约"。因为怕给他负担，胡凡每次找他前，都会跟他说"我不是找你拍戏"。"我就怕给他负担，我知道他负担特别重，你要给他发条微信问他在干吗，他就特别紧张，'是不是又要来找我了，我还有什么债没还'。"

梅长苏这个角色的成功，给胡歌"带来了特别多名利上的东西——钱、声望、关注度、人气"，但他同时觉得这所有的一切，"都是对梅长苏和这部剧的一个消耗"。

"因为我演梅长苏并不是为了获得这些东西。我参与《琅琊榜》这部戏，这部戏成功了，梅长苏这个人物站起来了，对于演员来说，在艺术创作上成功了，这才就是我的终极目标。包括我后来因为《琅琊榜》接了这么多广告，当然挣钱也是一方面，可是我在接广告的同时，我一直在心里面讲，梅长苏，我又消耗你了。"

胡歌对自我的审查和检视愈发严格。那段时间，张黎在上海跟胡歌吃了一顿饭。他记得胡歌特别沮丧地跟他说："我干什么了？我得到这么多？"

"这个非常不容易，大部分人都不是这么想。都是少干多拿，不干也拿，对吧？"张黎觉得胡歌那番话发自肺腑，他听了当时心里"咯噔"一下。

"我到这个岁数了,这种自省能力都不及他。别说演艺圈了,大部分中国人没有这个自省的意识。我什么也没说,那天在酒店里面,光特别暗,破酒店也没什么座,一把破椅子,胡歌自己开着车就来了。"

在张黎看来,"胡歌的优美之处就在他的惶恐上,在他对整个外部世界的惶恐上。这是他很富有美感的东西。好演员,好的男演员,都是敏感的,贼敏感"。

砸下的酒瓶

2015年底,庞云在澳洲接到胡歌打来的电话。

"他说:'庞云,我做了一个决定,我要去美国读书。'我说:'不会吧,你现在这么火,你现在跑去读书,你别傻了,你现在挣钱的时候抓紧挣钱啊!'"

但胡歌已经开始主动关闭工作通道。他表现出一种在外人看来,与他过往性格异常相悖的"决绝"。

他一向是圈子里著名的"好好先生"。袁弘曾经从象山影视城老总那里,听他聊起胡歌的一件小事儿。拍摄《琅琊榜》期间,"他说胡歌这哥们儿真是怪啊,从象山县到石浦镇总共就那么几个好酒店,问他要住哪家,胡歌说随便,离影视城近就行。离影视城近的只有一个比较普通的酒店,他这一住就是挺长时间。但凡是个小腕儿也会要求住4星级、5星级酒店的，胡歌是他见过的唯一一个住普通酒店的演员"。

在朋友那里，胡歌"过分体贴"。胡凡记得每次吃饭，胡歌都点她爱吃的，"一份不够再点一份"。爱吃生蚝的导演李雪，也曾经差点被胡歌连着给他点的两份生蚝"腻死"。

在他们眼里，胡歌是演艺圈不折不扣的"好孩子"。大学同学袁弘则一直记得"好孩子"胡歌关于喝酒的一件往事。

"刚进上戏的时候，胡歌完全不能喝酒，一杯啤酒就倒了，然后趴桌子上醉一段时间。那时候，班上的东北人喝多了开始砸瓶子，大声吵吵，胡歌突然就醒了。他的眼神完全是一个小孩的眼神，像是发现了一件特别好玩儿的新鲜事物，叫'砸瓶子'，就觉得哎，那些人在砸瓶子，好好玩儿啊，然后举着个瓶子就要往地上扔，而且是完全没开的整瓶。刚举起酒瓶子，当时身边坐着的一个女生就充满母爱地过去阻拦他，把他拦了下来。于是，那个瓶子还是没砸下去。"

如同一个隐喻，那瓶被胡歌举起的没打开的啤酒瓶，终于被他自己狠狠地砸了下去。这一次他破开了所有企图挽留、缓和和阻止他的圈层。

2017年11月5日中午，拍摄进入到第三组画面。事先没有商量，胡歌突然将工作人员端给他喝的半杯水倒在了面前的圆桌上，吹气，用手指敲打，涂抹，他有些兴奋地告诉摄影师："这个主意好吧，我以前从来没这么做过。"

每当变换时，那些他"从来没做过"的事，比如"做幕后"，比如"游学"，就会从他心里冒出来。

几年前排演《如梦之梦》的经历，让他很羡慕话剧演员们的生活。在《时装男士》的采访里，他回忆道，"屠楠的生活完全是围绕自己的兴趣来的……闫楠会画画，而且阅读量非常非常大，他说的好多东西我都没看过，想跟他聊天，都说不上话。"

他似乎想要寻找更多表达自己的方式，总是期待自己在"幕后"和摆脱外界关注后的第二人生。

在李雪看来，"他追求幕后啊，他觉得那才是一个文化人应该做的。他'抽风'，我觉得其实是他不停地在反思自己和自省。并且我认为他要突破的还有很多。做演员，他还没有做到我认为无可挑剔的那个地步，他要走的路还很长"。

但李雪觉得："不接戏的这个事情，他还是挺坚决的，什么戏都不拍了。"他记得有一次他发微信问胡歌，"听说有几个电视剧来找你？"

胡歌"咣咣咣"发过一堆单子来，"他说你看，这些戏都是来找我的，十几个，那是他的经纪人给他整理的单子。电影、电视剧都有。大部分都是大制作，很多现在都在拍了，或者已经都拍完了"。

袁弘也知道"有非常好的电影、编剧、剧本和制作团队找到他，让他当导演，基本上所有的团队都给码好了，就捧着你，让你当导演，是个人都不会失败，我真的觉得如果是我的话，我可能想都不想就去了，这么好的一个盘子和局面，那就来呗，但是胡歌一直还是很冷静的"。

看到胡歌的决绝，姜伟觉得"自己想想头皮都发麻，周围得有多少人劝他，你想想！我都感到，他想躲避的心"。他突然做了一个猛地用手向前推开的动作，"从2015年底到现在，每一天都有人找他拍戏，他竟然一个都没接，这事儿得有多么大的决心"。

这一次，胡歌想要"逃跑"的力量，似乎比以往任何一次都要强烈。"再次爆红的感觉"，让他感觉"没劲透了，这些以前我都经历过了，再来一次，那又怎么样呢？"在接受"腾讯娱乐"采访时，他回答道。

从美国回来后，依旧在关闭工作状态的胡歌，和朋友们骑着摩托车去了西部。其中进出色达的那段，被他视作继出走美国之后的第二场"荒诞"之旅。

骑摩托车是他现在最放松的事情。去色达之前，他和袁弘、李奇等好朋友常常约着在午夜戴上头盔，骑行百来公里。他说，"戴着头盔在深夜贴地飞行"成了他"最爱做的事"，"看似潇洒，却可悲可泣，深不见底的夜，加上头盔的伪装，我才是最自由的我，真是太可笑了。"

但这种"自由"在2017年8月去色达的路上，又被宣告终结。

那是在大雾弥漫的四姑娘山上，一位偶遇的上海摩友，对戴着头盔只露出眼睛部分的胡歌忽然问道："你就是胡歌吧？你眼睛上的疤我认识。"

两人合了一张影。对方答应保守秘密。

两天后，胡歌在途中一个加油站遇到了和那位摩友同行的其他两个人。聊天的时候，胡歌没想到其中一个人在旁边拍视频并传到了网上。

视频里，胡歌说，"我明天到不了色达，我可能后天才能到"，"然后全世界都知道我要去色达了"。

胡歌的上师很快给他打来电话:"他说胡歌,怎么回事,全色达的人都知道你要来了,我说那怎么办?他说你还来吗?我说我肯定要来啊!"

最终,对方给胡歌想了一个办法——他把摩托车骑到县城外,再坐对方派来的汽车偷偷进去。同时把摩托车放到这次骑行的保障车上,让外界以为他已经撤了。

在色达,胡歌和朋友们特意分开住在不同的宾馆。等办完事离开色达时,他再度坐上对方的车,悄悄出城,再骑着机车去往青海。

这么开心的时候他就走了

——还会有下一次逃离吗?

——我不知道,应该会有吧。

下午5点半,胡歌背后的窗外,天已经黑下来。由于光线不足,他的脸在顶灯的垂直照射下,开始显得有些松弛和疲惫。他用手指着脸告诉我们:"我的右脸是过去,左脸是现在。"

那个冬日的下午,大多数时候,他都是放松的,并且常常在自嘲时发出响亮的笑声,一般来说,这种连续而顿挫的笑声,更常在熟悉的人之间发生。

但在提到车祸之后与张冕家人的相处和自己再度"回到巅峰"的意义时,过去几个小时里,不停在拿自己"荒诞"的美国和色达之旅自嘲的胡歌,语速放缓,神色凝重。

然后就在一个如同不显眼的小路分叉口般的问题下面,他突然缓缓地告诉我们:"在2016年的今天,11月11日,胡歌官网成立12周年,我那天其实本来是要告诉大家我要退出演艺圈。"

在那篇本来打算宣告退出演艺圈的长文里,胡歌说:"身边的人做的比我多得多,我的经纪人、我的团队、我的老师、我的长辈、我的亲人、我的胡椒,是你们把我抬到了今天的位置,我出色地扮演了一个成功的艺人。"

在最后一段,胡歌写道:"在我为了不忘初心而怀念过往的时刻,容我对自己的未来,有一丝想象的空间,有一些不切实际的憧憬。""如果,我能够有机会踏踏实实地学习、沉淀,我愿意放下眼前的所有;如果,我能够给家人真正的幸福,我愿意放下眼前的所有;如果,我能够变成我想象中的自己,不辱上天的使命,让重燃的生命之火发挥出更大的光和热,我愿意放下眼前的所有。"

在经纪人姚瑶一再劝阻下,文章最终修改成一篇为纪念官网建立12周年而写的文章,但包括小雅在内的不少"胡椒",还是"感受到他想要逃离的想法了"。

在写下这封信之前的一个月——2016年10月,胡歌去香港做了一次全面体检。从车里下来,他才意识到眼前那家医院,就是10年前他去过的那家。

期间他还进了一次手术室。医院护士告诉他:"你上一次做手术,我也在这里。"

那天晚上,因为体检项目还没有完成,胡歌在病房里住了一晚。躺在床上,他想起很多过去的片段,开始质疑自己在意外发生后的10年生活。

"可能10年前我也给了自己很多的解释，我会问为什么老天让我经历这些事情，这是一种惩罚吗？还是有一个特别的意义？他又没有把我带走，而是让我留下来了。可能10年前我对自己的未来会有个很高的期待，而这个高的期待真的不是现在的这种。所以我觉得是不是我这10年的路走错了，而且我也觉得重返制高点并没有让我很开心，我去领奖台上领奖，可能对我来说，这个是大家对我的认可，可是真正快乐的是在演的时候，并不是在拿奖的时候……"

想到10年前，自己曾经在同一间医院的病房里，模糊感受到的那些所谓"使命"，胡歌觉得"最不好受的，就是我觉得……目前的我，我觉得是对不起过去的自己的"。

他收敛起笑容，望向桌角："今年演了几部戏，变得比以前更红了，但这肯定不是我留下来的意义。"

从香港体检回来后：他开始跟经纪人姚瑶讨论"退出"的事情。姚瑶劝他，"你不想干了，你就不干，不就行了吗？你为什么老是要对大家说，不给自己留退路呢？"

胡歌觉得："自己可能一直在逃避吧。"

这个天赋美貌，却又险些被毁容的男明星，与欲望、明星制之间，关于落网、逃脱、回归的故事，似乎还会继续进行下去。

2017年11月5日下午4点，出席《猎场》开播发布会的胡歌，又回到了镜头围伺的舞台。20多位主演在台上一字排开合影，胡歌本能地往后退了一步。在随后的几分钟里，他一直垂着双手握住麦克风。几番合影和游戏后，他已经从正中移动到了舞台最左边。

"他就是一个好孩子，你知道吗？真是好孩子，这个圈真不是好孩子待的,但是他又在这儿待着。"在关于胡歌"进"和"退"的采访中,胡凡甚至有些懊恼地告诉《人物》杂志,"真正要做他,他就是个悲剧,他就是个悲剧啊,但是你真要把他当作悲剧写,他人生就被你这样定下了。他在这个时代潮流里挣扎,他不随波逐流,但是他很有可能被淹没。"

张黎觉得"被淹没是因为胡歌的容易受伤。但悲剧是最有美感的,悲剧不是一个贬义词"。

"他要逃,就让他逃呗。"张黎觉着,"让他自己逃过了,他该回来就会回来的……这个东西啊,怎么说呢?当你面临这个时代的时候,你自己要确定一个姿势,与之相处。现在,至少他在找着呀,他在找着。"

林依晨觉得胡歌"想要自由和逃避的状态,应该到他86岁,都还是这样"。

胡歌觉得自己有一个"燃点","快到那个点的时候",他自己会知道,然后"就走了"。

关于胡歌和"走了"的话题,庞云总是会想起少年时代,他们一块儿踢球、"打仗"的日子。

"每次玩到四五点钟的时候,他就说他要走了,然后拉也拉不住的,'我回去','我妈妈让我回家','我要回去做功课的'。像我们的话,就会玩儿啊,玩儿到爸妈来找你啊,到处找你啊。对啊,我就觉得好好玩儿啊,你怎么就走了呀?劝他也留不住,他是这样的呀,这么开心的时候,他就走了。"

白岩松

守夜人

年轻时白岩松擅长短跑,现在,他却选择长跑。
时代激荡万千气象变化之中,
他发觉更加珍贵的是长久坚持——
每周三下午踢球,他坚持了十几年;
他主持两档节目,一档8年,一档13年;
两年前,他成为老师,办"东西联大",
并打算一直做到70岁。做新闻也是如此,
不必指望一时的光辉灿烂,但要在万籁俱寂时,安静守夜。

去年风雪是不是特别大

"给你们念一首杨牧的诗啊。当然,你们要知道诗是有年龄的,这首诗不属于年轻人,它属于我们这个岁数的人。"

灯下细看我一头白发,
去年风雪是不是特别大?
半夜也曾独坐飘摇的天地
我说,抚着胸口想你

47岁的白岩松身形依然挺拔,但白发已像鳞状的云点。他翻着一本砖头厚的杨牧诗集,从一张太师椅上站起来,念起台湾诗人的诗,神情严肃又有几分松弛。电视上引为招牌的川字眉,虽然还在,却是隐隐的。

2016年1月8日,在北京大学万柳公寓的电视研究中心,一张木头的大方桌,白岩松占一头,对面的墙上挂着"望云"两个草书的大字。方桌的两边则坐着他的学生,六男五女,全是京城4所高校的硕士一年级学生,按学校老师的说法,都是尖子中的尖子:北京大学、清华大学、中国人民大学、中国传媒大学——都是学新闻的。

每个人的面前，摆着一根香蕉、一颗橘子、一块饼干和一碗煮烫了的梨汤，这是学生们自己准备的。为了接下来一整个下午的课程，细心的学生还一人发了一张暖宝宝，因为教室里没有暖气。

贴哪呢？一个学生说脸也冷。

白岩松就笑得铿铿锵锵："你要不试试，接下来你的脸就会变热，啊哈哈。"

他带来的是茶，他喜欢凤凰单枞，把装茶的铁盒交给学生的时候还一直叮嘱："泡上十几秒，就滤出来，除了绿茶，都不能泡。"他有一个帆布的袋子，从里面掏出茶、笔、两个厚厚的笔记本，还有一本更厚的诗集。帆布袋上印着"东西联大"四个字。

这是白岩松给自己的新闻课堂起的名字，效仿抗战时期西迁至昆明的北京大学、清华大学、南开大学组成的"西南联大"的名号。从2012年开办，一年一期，一月一课，学制两年，到如今已经是第四期了。"东西联大"有一半时间，都在西边的北大上课，另一半在北京城另一边的中国传媒大学，白岩松的母校。

第四期学生的第三堂课，上课了先谈诗，这是第二堂课的作业。教室里的一面玻璃墙上，11个学生每人都贴了手抄的两首诗，从木心到食指，郑愁予到余光中，也有方文山和网络作家沧月的诗。

"都写得很好。"上课前，白岩松凑上去看，背着手，一个个夸奖。20年前的他可不是这样，那时候在电视台看着人家做节目，他会在旁边和制片人说，我要是做这样的节目，我早从楼上跳下去了。

对着一桌年轻人，中年白岩松的语调抑扬顿挫，又透着一股子温柔，不像是老师教学生，倒像是朋友聊天。他引用木心的话：

"一个年轻人要成长,需要两样东西,或极痛苦极幸福的一次恋情,还有和老人聊天。"

20年前,27岁的白岩松采访了冰心、季羡林这样的世纪老人,羡慕岁月在他们的额前留下的痕迹,他在自己的文章里写渴望变老。

如今,白岩松处处像一个作风老派的知识分子:他随身带着手绢,用手绢抹嘴而不是纸巾;他习惯手写,用的不是钢笔,而是软头笔,这是介于钢笔和毛笔之间的笔,像毛笔一样扼腕运力,可以写出漂亮的硬笔书法;他品茶,不喜甜;听得更多的是古典音乐;说中年之后对自己影响最大的是《道德经》;还用佛经解释自己刚刚起步的教师副业:佛教里说慈悲喜舍,代表着四种职业,"舍就是教师"。

"他为什么用软笔而不是钢笔,这个心态就可以琢磨。软笔写得慢,像毛笔那样,一笔一画都清楚,这么多年,白岩松的心很定。"北京大学新闻学院副院长俞虹说,东西联大上课的教室就是白岩松的办公室。

有时候,趁着给学生们放纪录片的时间,白岩松一个人出去跑步——中年之后,有几年白岩松发胖了,他用跑步来恢复体形,每次六七公里,40多岁的人,保持体型不容易。

20多年的一线新闻人经验,白岩松有着学院教师无法比拟的回忆、经验、段子,可以告诉他的学生们。一个学生选的诗是余光中的《过狮子山隧道》。白岩松的回忆就跟了上来:"2005年的时候,台风,海棠台风,我到高雄,和余光中先生约好了去采访,我就想还能到吗,打电话,OK,我们就杀奔过去,到他家看到的第一幕就很好玩,墙上贴着明朝和清朝皇帝的历史更迭表,我就蒙了,我说余先生,这什么情况?'我正看电视剧呢。'咳,他正看雍正

（王朝）呢。他捋不清楚这些玩意儿。"学生们听得津津有味。对于学生，这是难得的机会。知道白岩松成了自己的老师，一个学生的第一反应是"就像做梦一样"。

读诗的时候也在说新闻

"所有好的诗歌，都不求直接表达，往往都有意象，比如孤独，形容为伤痕累累的兽，比如我们在广播学院的时候，写走过青春的沼泽……我们要读明白诗里面的意象，一定要换一种方式去表达，这给你们的提醒是巨大的，而且在任何一个时代下，作为一个文化人、新闻人，总有一些要春秋笔法的东西，什么叫春秋笔法，大家都能会心一笑，但又不触犯天条。"最后四个字，倒是说得又缓又重。

白岩松自己就选了一首满是意象的诗表达自己的感悟："人到中年的时候会读出这首诗的味道，它的头两句太牛了，'灯下细看我一头白发，去年风雪是不是特别大？'"

痛感

2015年8月20日，是白岩松47岁的生日。"东西联大"第一期的10个学生每一个都给他发了祝福短信。

学生陈之琰说，白老师也回了一条短信，告诉他们自己这一天是怎么过的："他说早上接到了电话，之前他在节目里说哪个事，被批了，他还说虽然经常碰到这个事情，还是心里闷闷的，不高兴。然后，他就陆续接到师弟师妹祝他生日快乐的短信，下午他一边听音乐一边干吗来着，听肖邦还是什么的，然后看我们这个作业，越看越开心了。"

2015年天津滨海新区发生爆炸，白岩松连续做了4天的跟踪评论，这是所谓"天生的头条"。《新闻1+1》本来有两位评论员，轮流主持，但这4期全是白岩松。

直播第一天，白岩松发了火。

《新闻1+1》的日播主编孔茜还记得，那天，白岩松一来演播室，就要求她一定要前方连线记者问清楚，到底现在还有多少消防队员在现场失联。当时，伤亡状况的报道还有相关报道要求，前方记者很为难。

"结果岩松很生气，他很生气不是因为拿不到这个数据，他是觉得就是一个记者你在前方，你知不知道你自己该干什么？"孔茜向《人物》回忆，"他说你在前方到底是去报道什么呢？你不关注人，你在关注什么呢？……不连他了，找能说的连！"

多年央视直播的经验累积之后，白岩松仍有时会在节目中收不住，说得太猛。

有一次，白岩松说一件事说多了，孔茜有些吃惊，以往，若是材料太猛了，白岩松会往回掰一下，让有风险的话题化险为夷。

就在几年前，白岩松还自夸过："我可以拿捏好分寸，让各界觉得安全。"但在《人物》的这次采访中，再提到时他却说，"你以为我掌握了分寸就可以安然无恙吗？每个人的分寸的上限、下限是不一样的。我以为我掌握了分寸，可是A还是觉得我说过了，B还是觉得我说得不够,你还是没满足人家的东西。"

这是属于中年白岩松的烦恼,老同事张洁回忆23年前的白岩松时,记忆犹新。

一群人在小饭馆吃饭,年轻人白岩松最后到。

"我当时抬眼一看,白岩松穿着件米黄色的西服进来了,小饭馆很小,座位都很窄,他一手摁着西服下摆一边挤过来。当时我想,这小子以后肯定火,说不清楚,当时觉得他那个样子倍儿有份儿。"

这一年,被称为开创了中国电视新闻改革的《东方时空》刚刚开播数月,新晋主持人白岩松得到的批评比表扬多,观众嫌他形象太差,还戴着个大眼镜。台里的老牌主持人也看他不是科班出身,因此看不顺眼,"顺口溜'吃葡萄不吐葡萄皮'都说不清楚呢"。

吃饭、喝酒,一通大酒后,醉醺醺的白岩松开始口出狂言:"给我十年,看我灭了他。"

"其实不用十年,三年就是了。"张洁说。

俞虹教授已经不大记得第一次见到白岩松是什么时候,大概是1997年,她是"金话筒"奖的评委,这是国内广播电视节目主持人的最高荣誉,白岩松是那一年的获奖者之一,当时他才29岁。

这是一个在内蒙古的边城长大的少年。1976年的一天,突然被老师叫出了教室。"白岩松跟我走",老师说,有一大堆怀念毛泽东的文章等着他去广播室念。一个星期后,白岩松自己的父亲也在病床上离世,如同隐喻,个人和家国都要摸索着生长。而后则是时代洪流,白岩松来到北京读大学,1989年毕业,后来机缘巧合参与草创《东方时空》。

1993年,邓小平南方讲话的影响还在发酵。中国的电视新闻里,依然充斥着套话、官话。《东方时空》却提出要用粉碎性的提问,让人们说真话。新闻的锐度和深度,吸引了一批批胸怀理想主义的青年。张洁当时从云南过来,他和制片人时间说:"给我一张床一个碗,不给工资我也干。"

这是一段类似于英雄起于微末的时光。他们一起住在北京西南六里桥的地下室。白岩松是主持人,张洁是编导,采访的都是社会名流。每次采访结束,送他们回来的轿车不是宝马就是奔驰。两个人总是让司机在小区门口停下,坚决不让对方知道他们住在地下室里。

一段录像记录了当年地下室被水淹的情景,白岩松忙着往外抬席梦思,水都没了脚踝了,张洁光着上身,还坐在房间里剪片子。

张洁后来去了《新闻调查》,最后成为制片人;白岩松,一个"愣头青",则变成几代中国人一眼就能认出的电视人物。香港回归、三峡大江截流、澳门回归、跨越新千年、汶川地震、北京奥运会……他还出现在春晚的舞台,也是《感动中国》12年雷打不动的主持人。

相比同一时期成名的主持人：崔永元、敬一丹、王志、水均益……大型直播时代的到来，让白岩松这个原本另类的主持人，在越来越多的场合成为国家话语的代言人。张洁说："他会用一种代表我们目前中国社会进步的语言，来阐述我们认为很政治的东西，换一个人说可能就是一堆官话。他来说，是提份儿的。这也是新闻评论部提出来的，将宣传变成传播。他的表达欲很强，气场也很强。岩松有很强的政治智慧，这让他逐渐走到"头牌"的位置。"但不止于此，"还有一个原因，岩松真的对社会有更强的痛感。说智商情商，我觉得那几个主持人都差不多"。

2014年，白岩松在厦门大学开讲座，提问环节，一个男生先是举出了他的同事崔永元，"2012年您的同事崔永元曾评价湖南省教育厅'不努力、不作为、不要脸'，我认为他就很有担当，我想请您用同样的句式，九个字，评价最近陕西发生的强制引产7个月胎儿事件"。

白岩松说:"九个字太多了,这不是什么政策,不是什么官员犯错,就两个字,'杀人'!"

还是当年一起住地下室的时候,半夜,张洁从睡梦中惊醒,白岩松的房间传来了哭声。后来才知道,他那天在看《周恩来传》。

燃灯者

2012年,白岩松进入央视就要满20个年头,在央视之外,他想还要有些安身立命的东西,他做了东西联大——"那天晚上临睡觉一直在看《燃灯者》,看到一半的时候把书一扔,不行,我得弄,第二天我就开始张罗这事,然后就成了"。

书里记述的,是发萌于"文革"之后,于百废之上,游离于体制教育之外的一段师生情谊。

"原来他自己就是个年轻人,当小白变成老白之后呢,他好像有一种比过去更主动的意识,和年轻人交流。他特别想给年轻人一种影响,这是和他的业务积累相关,还是和年龄相关,还是和一种期待相关?期待就是对我们的环境,我们的作为。特别强烈,培养新的新闻人。很少有的,和青年学生在一起显得那种欢欣感。"老同事敬一丹说这是白岩松这几年最大的变化。

每一期学生,第一堂课,白岩松都会让他们看一部音乐电影《迷墙》。这是一部几乎没有台词,完全用一首首摇滚乐串联的电影。电影中,最大的意象是一堵横贯世界的墙:寂寞生长的儿童、教育工厂里的学生、街头运动中释放荷尔蒙的青年,都不过是墙上的一块砖。"墙"立而复破，破而复立，一代代年轻人，最大的抗争就是打破"墙"，改变世界。

一期学生将台湾地区的高中历史课本空运过来，和大陆的课本进行比较；一期学生第二次阅读作业，3本书分别是《皮囊》《我与地坛》《如何做一个妖孽》。

老师为学生营造一个宽容与自由的环境，并非没有传统。在白岩松还是学生的20世纪80年代，"那时学生们开讨论会，抱怨，舆论监督不让报啊，有的会比较尖锐。如果领导要去听，我就告诉他们要注意，有的时候他们还故意说给领导听。"白岩松的老师、中国传媒大学教授曹璐早已满头银发，却对这位年轻人的热血印象深刻。

开放、包容、多元——这是20世纪80年代的时代精神，毫无疑问，他也希望东西联大拥有这种精神。

北京大学新闻学院徐泓教授有时会来听课，这改变了她对白岩松的看法："岩松这个人原来我不是特别喜欢，怎么说呢？觉得他挺傲气的，就是'正确先生'的一个劲头，好像总在教训别人似的，有一点这样的。但是真正跟他实际接触了，真是改变了我这个看法，一到了他这个教学过程中，跟学生的交流过程之中，我觉得我看到了另外一个岩松，这是让我非常喜欢的一个岩松。"

在东西联大，重头戏是以10年为一段，梳理新中国成立60年的历史。白岩松要求学生们以20世纪80年代为切入点，先梳理80年代的十大新闻和十大人物，再上溯至20世纪50年代，又或者顺延到新世纪。

徐泓欣赏"白式教学法"："在大学的课程里是没有当代新闻史的。通过做这个10年的年代秀，其实就是在讲我们是从哪里来的。当下的所有的新闻，你必须知道它是什么样的一种历史脉络过来的。带着学生来认识,从真正的历史向度上去认识新闻,没有这么一个基本的对问题的看法和训练,我觉得看不清楚现在发生问题的原因究竟是什么。"

这也是白岩松的新闻观,"新闻人骨子里头要有一种史笔,历史的史,史笔"。

除《新闻1+1》外,白岩松还主持另外一档周播节目《新闻周刊》。《新闻周刊》的副制片人韩仁伟记得,白岩松对他们发过火,有一集节目,编导关注了在北京玩"快闪"的人群,希望将他们做成一周人物,白岩松坚决不同意,"因为那周有更重要的人物"。

如今谈起这些,他觉得当时《新闻周刊》有些边缘化的倾向,所谓"边缘化"就是去做那些有趣而非重要的选题。"我最后提醒了几次,没有大的改观,我就有点跟他们急了,我就要扳他们,因为《周刊》必须要承担着一种历史,你不能以你自己的喜好,这周明明发生了几件大事,但是你假装没看见,你去关注自己感兴趣的那个选题,那不行。有些选题是你不能错过的。"

"这个训练中间贯穿了他的价值观,贯穿了他觉得一个媒体人应该具备哪样的一个判断新闻、认识世界的框架。"徐泓说。

"东西联大就是一个乌托邦。"唐千雅是东西联大第二期的学生,她来自台湾地区。上第一堂课的时候,她有些战战兢兢,"就怕说了不该说的话,他又是来自央视"。最后却发现,白老师倡导的是百无禁忌,相比于学院老师的保守,反而和她在台湾地区的课堂更相近。

老白是直播香港回归的新闻人,但也拉着学生一起听一场达明一派的演唱会——《为人民服务》。告诉他们,早在20世纪80年代,这个香港组合的歌里,就有着对未来的迷惑,"恐怕这个璀璨都市光辉到死"。

他希望自己的学堂拥有自由的风气——一个为11个人精心打造的"小环境"——混合着理想主义与务实精神。

"岩松是在种种子,新闻的种子。"俞虹说,"这是最大的公益。"

做不到的事

与其在东西联大投入的热忱与精力相比,白岩松在央视的同事刘楠感到他在央视的一种变化:"白老师这两年最大的变化就是,我个人觉得,大概两年之前,每年他都会给我们开各种各样的业务会议,什么后海会议,每年还会把他家的礼物分给我们,什么苹果手机,就大家抽奖,全是他自己的礼物。但是这两年都没有了,他也没跟我们吃过饭,也没有再给我们开过会了,我不知道,我不做解读,但这也许蕴含着一些什么。"

刘楠是《新闻1+1》的第一批编导,贡献了《新闻1+1》的栏目名,制作了第一集样片,这么说的时候,她的语气听起来有些失落。

《新闻1+1》日播主编孔茜,高中时看白岩松的《痛并快乐着》,第一次见到真人,就像粉丝看见偶像。过去一年,她也看到了老白的变化:"我觉得岩松这一年,我最大感觉是他没有那么较劲了。比如说以前我们想做的3个选题都被毙了,那我们就得重新再找选题,再和他沟通。这个情况下他可能会着急,他可能会生气,他甚至会去给我们的领导打电话。但是现在呢,如果选的题都毙了,然后告诉他说今天选题都毙了,我们准备再换什么的,他就会觉得,哦,那就毙了吧。"

晚9点半开始直播的节目,有时8点还换过选题。孔茜对2015年下半年的选题不满意:"下半年我们的选题很差,经常碰到今天没选题的情况,都是退而求其次。很多播出的当天的节目,恨不得都是我们的次次次选了。"

刘楠是曾经的调查采访主编,负责拍摄《新闻1+1》的专题片。她和白岩松都希望一周能有一集外拍的片子。在白岩松看来,《新闻1+1》不应只做新闻的追随者,还应成为新闻的引领者。但作为央视"一哥",白岩松却使不上劲。

"我不断地在提这个建议,但是最后依然没有实现。"白岩松只是主持人,很多事决定不了。虽然《新闻1+1》一年带给央视的广告收入有4个亿,但说起栏目组的制作经费,白岩松笑了。"我们栏目穷得一塌糊涂。"

"我其实更喜欢的是我们自采的很多新闻,选题有的是,最后为节约成本,就要牺牲很多的这种采访,这不正常,不是按新闻规律办事。"他说,"我们现在经费管得这么严,对……所以有时候你知道怎样更好,但是你做不到,不是你的能力做不到。"

刘楠曾经在北京新蚁族聚居村北四村蹲点,围绕安全隐患、警力不足等问题,拍摄了《青春,从拥挤中出发》等3集节目,得到了高层的正面批示,但这样的外拍越来越少。

白岩松主持两档节目,《新闻1+1》和《新闻周刊》,一个开播了8年,一个开播了13年。"都比我想象的活得长。"从这个角度来讲,他已经很满意了,"一个主持人有一个自己做了13年的栏目,还有一个做了8年的栏目，你还想怎么着？"

但同时，他也会有另外一种感觉，"有些东西的满意不是我们自己的能力所能达到的范畴，包括环境、领导的谨慎度，等等。对于中央电视台几乎唯一的一个新闻评论节目，受这些因素的影响就更大了……社会本身就是，任何行当都是一场谈判，双方的谈判，你很难指望单方面的赢。"他说，"到了一定岁数你就会明白，自己的努力固然很重要，大环境是什么样也非常重要。"

"有些东西你说你自己玩命努力，也努过很多的力，但是最后都像在空气中打拳一样，力量消耗掉了，但是没有任何成果。这很正常。"接受《人物》采访时，白岩松坐在一家清冷的咖啡馆的窗边，冬日的阳光透窗而入，飞尘在空中翻舞，他的脸上也像有了蒙蒙的一层。

团队里，许多都是共事多年的老人，都是因为白岩松，才一直留下来。刘楠说，她之前留在《新闻1+1》百分百是因为白老师。

"我也会有内疚感，是不是也是这种因素限制了他们离开，限制他们有一种更好的发展平台啊？我相信《新闻1+1》的人如果出去求职的话，都应该会升职吧。所以有的时候我也会，就是觉得是不是对不起这些小弟弟、小妹妹们，如果他们要不是因为某种因素继续在这儿，都跳槽了，可能人家现在都是一个小头目，挣得都更多，所以我也会去想是不是害了他们。"白岩松说。

刘楠知道白岩松办了东西联大，"东西联大，我觉得某种情况上也是白老师在寻求一些新的渠道，可能想从那儿再培养一些人，找到一些希望"。

刘楠觉得自己对白岩松的认识，也是一个"去神化"的过程，

11岁,她是《东方时空》的铁杆观众;14岁,高一演讲题目是《我最喜欢的主持人白岩松》;16岁,高中毕业册,写的最崇拜的人还是白岩松。

2015年10月26日,入职央视11年后,刘楠交了辞职信,去了一家门户网站做新闻视频的高级主编,她觉得那是新的契机,她告诉白岩松不要挽留。白岩松回复,你都这么说了,只有祝福,这也让我们反思为何节目之前存在的问题没有及时解决。晚上,等到白岩松下节目,她去找白老师合影留念。

"他的表情有点像哭笑不得。"刘楠说。

换一个标准

2016年1月的这堂课,上完了照例是聚餐。白岩松眯着眼睛点了一桌菜。

饭桌上,他说以后考虑每一期学生要有两次出去上课的机会,他们的师兄师姐,第三期的学生已经探索了一回,白岩松带他们去了广西师大出版社。

"你们想去哪?"

一个学生喊:"中南海。"所有人就笑了。

白岩松考虑下堂课带第三期的学生去哪个网站上上课——已经毕业的两期学生,没有一个去互联网工作,"其实我是鼓励他们去的。起码应该有一定比例嘛,两期了一个都没有,不正常"。

第一期的学生，除读博的，全都进入了新闻媒体。毕业半年后，大家重新在白老师家聚首。喝了酒，这个哭完那个哭，都是工作中的委屈和不如意，杯子碎了几个。

北京大学新闻传播学院教授徐泓这么解释："学生跟这么好的一个新闻人接触，理想主义的东西被调动起来得特别多。但是一旦到了具体工作的时候，发现现实完全不是这样子，所以这个落差也比较大。"

这里面有曾侃，从中国传媒大学毕业后，他是第一期学生中唯一一个做了和白岩松一样工作的——他成了一名电视新闻评论员，在浙江广电系统的地面频道，刚毕业的他主持一档名为"九点半"的新闻评论节目。每天他要写6000多字的新闻评论，然后采访，配音，上直播。

这是一段意气风发的日子，直到他听到集团老总说，你们地面频道一年给我最多6000万，我《好声音》一分钟的广告就回来了，我不需要你干得多好。

他辞职回到北京，不再希望像白老师那样做一个新闻评论员，而是成为了一名体育节目主持人。

"我特别害怕第一节课他会问每个人，你以后是不是真的想从事新闻职业，那我可能就会说我大概不会。"王彩臻是第四期的学生，在清华大学读研一。

"上上个星期的时候，有一个网易财经的姐姐请我去吃她的离职饭，因为之前我在网易实习。她最后跟我说了一句话就是，不要进媒体圈，人傻钱少。我其实后来有在琢磨这句话，她现在已经转行去做证券了。"

第二期东西联大的学生曾做过一个小游戏，用一个字描绘自己未来想要的生活。至少4个学生选了同一个字，"安"：安稳、平安。还有一个学生直接写了一个"好"字。

徐泓曾推荐了一个学生进入东西联大，学生很优秀，徐泓希望他能留在媒体，结果毕业的时候他还是选择了去银行。

"我今天还在想这个问题，原来我说的是联大办到什么时候，我说联大办到我第一期的学生的孩子进联大，结束。大概70岁吧，反正今天来的路上还想，我说要不要换一个标准，我应该以哪一期的毕业生没有一个干新闻作为结束的标准，那我还干什么。虽然我说OK，11个学生干什么都OK，但如果终于到了有一天11个学新闻的硕士没有一个在干新闻的时候，我这个班就该关了。"白岩松说。

听起来，有些牢骚，但也不妨碍白岩松在那天晚上的饭桌上，在学生们大快朵颐间，站起来，兴致勃勃地为他们诵读自己推荐的书，他读的是黄永玉的《比我老的老头》，他选了一段，黄永玉怀念画家张乐平，"要是他健在多好！让我陪着他和雏音嫂、绀弩、沈表叔、郑可诸位老人在我意大利家里住住，院子里坐坐，开着车子四处看看、走走多好！这明明是办得到的，唉！都错过了。年轻人是时常错过老人的"。

围他而坐的学生们筷子还放在嘴里，有点不明所以，他就又重复了一次，他特喜欢最后一句。

守夜人与守门人

几天之后,《东方时空》的老同事又聚了一次,这次是因为张洁的离职。他曾任新闻评论部主任,在央视工作23年后,他选择投身创业。《东方时空》时期的老人,除了白岩松和水均益,其他人都离开了新闻一线。

张洁的创意还是和老本行有关,做"新闻电影",将新闻故事改编成电影。他已经想好了,提出的口号是,"新闻止步的地方,电影开始""当非虚构被逼停止的时候,虚构开始"。

"这个新闻人有优势,我们积累了大量的新闻资源,也知道在中国,什么能碰什么不能碰,边界在哪里。"张洁有些兴奋地在饭局上说了自己的想法,他有野心,想用这样的现实主义的电影冲击当前中国电影泛娱乐化的业态。

但张洁回忆,白岩松不大放心自己的选择,"岩松和我说,他希望我把市场当市场,不要把自己弄成一个悲剧性人物"。

白岩松对新闻和生意间的区别有着清醒的认识:"我有一个同事去了互联网公司,然后那天吃饭的时候有一句话,我都听乐了,他说开始我以为让我去做节目呢,后来我才明白,是让我去做生意。"

东西联大的学生问他,一旦变成商人,节目的质量、播出的内容会不会多多少少受到影响?他立刻反问,你说呢?

"你要说我这十几年,什么样的选择没有过,从政、业务、经商、跳槽,当然都有了。"

"那有没有一点点动摇过?"《人物》记者问。

"起码到现在我还是依然想做新闻,对。"白岩松这样回答。

但即便他仍在原位,时代似乎真的处于变换的风口。张洁的新办公室里,还贴着一张旧海报,那是几年前他为《东方时空》开播20周年拍摄的纪录片——点燃理想的日子。现在他去创业了,张泉灵成了投资人,郎永淳探身互联网贸易平台,原来在体育频道合作过的刘建宏也去了乐视体育担任首席内容执行官……还不算提早就走了的那一大批。

白岩松给刘建宏的新书写序,翻来覆去找不到感觉,不知怎么下笔,突然想出了这篇还未完成的序的最后一句话,"这个岁数就不说加油了,保重"。

"一下子又倒推这篇文章,因为四十七八的人换一个职业,老朋友,给他写一个东西,写什么,那恰恰是最后这句话先有了,对吧,蛮有趣,人到了这个岁数就不说加油了,保重。"

"我猜白老师可能动摇过。"刘楠说,两年前白岩松让栏目组的人猜,要是他走会带谁走。

"作为一个负责任的人来说,我要走了,我谁都不会带。"白岩松摇摇头,他说要真走到这一步,他也不会临走时拆老东家的台。

这样的想法首先来自于,"前提是我不缺钱。在我不缺钱的情况下,我觉得我的生活方式不需要很多钱,我的生活方式不是需要很多钱的,而且我不缺钱"。

他开玩笑将自己称作畅销书作家:"出的书都在百万以上,我现在衣服都穿了很久很久了，很舒服就够了。我的生活方式不太费钱，而且我相信一辈子都有挣钱的能力……对我今天很多的抉择起到最关键作用的是，我没有这种很强的挣钱的欲望，它不吸引我，它不让我感到开心，我也不把它当成一个目标，所以想要把我吸引走就很难了。"

"别人给我开出几千万的价码，我就一乐而已，对于我来说没有意义，有了它不会让我生活变得更好，反而有可能变得更糟。"白岩松这样说。

他对新闻始终有热情，每天翻看新闻客户端，光顾报刊亭，是"杂志控"，勤奋而广泛地阅读新闻。孔茜中午会给白岩松报新闻选题，从未出现过白岩松不知道此条新闻的状况。他曾经从《北京晚报》的一个豆腐块新闻中给刘楠找到选题线索。每一期《新闻周刊》，他都坚持手写自己的评论稿。

这已经不再是一个传统媒体频出爆款的时代，他相信要坚持的应该是"守夜"的概念，"《新闻1+1》不能拿哪一个具体的东西去衡量，我觉得它就是守夜人，守夜之人，你说哪一夜你守得特好？我觉得不一定。有的时候我喜欢的这期节目不一定是关注度最高的，重大的新闻的时候大家容易关注，但是有的时候最符合你的新闻价值观的东西，很可能不是高光下的那些个评论……栏目做时间长了，你就是守夜人，你不能指望哪一天就辉煌灿烂，我觉得都是相对安静的。"

这个年轻时擅长短跑的人，现在选择"长跑"，"我做的所有东西都是与长跑有关的"。

《新闻周刊》做了13年，《新闻1+1》做了8年，他在母校中国传媒大学新闻学院发起的"子牛杯"社会调查报告征文比赛也进行了10年。东西联大打算做25年，到他70岁的时候。甚至就连，"对，我踢球，每周三下午要去踢球坚持十多年了，在我的身边到处都是，起码在我的生活中我喜欢的是持续的、长跑的"。

辞职前那晚，刘楠一夜未眠，回忆曾经和白岩松去他老家内蒙古，采访鄂温克的驯鹿部落。她觉得白岩松就像采访的鄂温克驯鹿部落百岁首领玛利亚索，洞悉人心，威望极高、高处也胜寒。作为精神领袖，被重点保护，但是鄂温克族人的文化问题依旧面临外部的激荡冲击。

她觉得白岩松在犹豫，但外部的变化，对于他，并没有迫切回应的需要，"他已经到那个位置上，没有人能挑战他，也没有人能打压他了。但是我们不一样，当理想被压抑，就只能找自己开心、能真正实现价值的渠道。所以他就是一个'另类'，只能说是一个另类，无法用任何人归类的'另类'。他想要的东西有时也有心无力，但是这个平台有足够他想表达的空间，就够了"。

白岩松可以更从容地考虑自己的位置，他告诉一位年轻的主持人，关于"守门人"的含义：既然设了门卫了，那就站好门卫的职责，坏的东西不要让它进来。

"当有些东西你无法发表评价的时候，你努力地尝试让自己沉默，而不是相反。"这是白岩松的选择。

陈 坤

一个贫穷而美貌的男人
在这世上可能遭遇什么

他的人生逻辑里塞满了"我能做到,你为什么就做不到"一类诘问,并永远保持警惕,
"是把自己打到最低,把一切情况想到最糟糕,然后以最绝地的心境不抱任何幻想地走我的人生路"。

行走的力量

陈坤与《人物》记者见面地点在北京东三环附近很贵的写字楼里,距离80层的国贸三期500米,从19楼望出去,一眼就能看到CBD最负盛名的那些建筑。当年贫穷的少年如今已经习惯了坐头等舱出行,并且在努力推行自己的梦想。

这首先是基于感恩,"我知道自己的分寸。我知道我的财富积累虽然有我一定的努力,但是大部分是大家赏我口饭吃。"他说,"我小时候没吃着,特别希望别人分享给我,没有人分享给我,我很生气。长大了我就觉得,我有的吃的时候我跟你们一起吃,你愿意吃就来吃吧。"

读北京电影学院,有一次,老师分配他骑自行车去几里外的超市买郊游用品,他不会骑,也不说,推着自行车就走了,推着去,推着回来。"就是因为太要强了,或者说,心里面想要强大的那个愿望太迫切了。"

陈坤的儿子有时候会问他"妈妈是谁"这个问题,这也引起了他的思考。陈坤的父母在他很小的时候就不合,后来离异。"他重复着我的人生,被迫面对这一切,他也要用自己的方式梳理好他的心态。"陈坤说。

陈坤对自我的评价是:"我从小就是个很要强的孩子,看着很蔫,心里特有谱,特倔!"他对人生永远保持警惕,从不认为自己可以比其他人得到多一点点优待,"是把自己打到最低,把一切情况想到最糟糕,然后以最绝地的心境不抱任何幻想地走我的人生路。"他的人生逻辑里塞满了"我能做到,你为什么就做不到"一类诘问。"你必须吸取我吃亏得来的经验。"他有一次这么对弟弟说。

陈坤说,自己多半受"打压式"激励长大,所以也常下意识地对身边人提高要求,某种程度上,他毫不掩饰自己对身边人的控制欲。与他熟悉的人能举出无数个例子证明这一点。有一次,他的宣传总监因为某件事情,承诺一年不吃羊肉,但在拉萨时,她在一个只有羊肉的馆子里破了戒。陈坤严肃地说:"这点事情都做不了,还能干什么?去大昭寺磕10个长头。"于是,宣传总监去磕了10个长头。

陈坤第一次组织"行走的力量"在7年前,地点是西藏。当时他选择了大学生这个群体,并且从18000多报名的北京大学生中选出了10人参加。陈坤组建队伍的标准总结起来只有两条,一是"没有说喜欢我",因为他不想这些人是自己的影迷,影响活动的纯粹性;二是有韧劲儿。

第一次面试有一个现场打背包环节。学生们要在3分钟内将睡袋、防潮垫、登山杖、水壶等户外装备装进背包。等他们手忙脚乱打好背包后,陈坤"阴险"地说:请把它们按照原来的位置恢复原状。一个女生因为迟到被教官罚做40个俯卧撑,他的解读是:"女生和男生在人生中面对的困难一样多,所以每个人都要让自己变得坚强。"

选拔中,他不断强调"韧性"的重要性。他曾给每个最终入选的人做出一段简短点评,其中反复出现"个性很强""内在很倔强"或是"内心其实很有韧劲儿"这样的评价。他甚至表达过这样的意思：即使并不是最有才华的人，只要有意志，将来就了不得。

最终的队伍由5男5女组成。那时，他参与的电影《画皮2》刚杀青，陈坤就飞往拉萨与他们会合。但在行走第一天结束时，陈坤和学生们发生了一次争吵。

事实上，陈坤从行走开始前一天晚上就开始反复怀疑自己"是不是挑错人了"。工作人员讲完"禁语"的规定和安全措施后，有人提问：如果爬不动了怎么下山？紧接着，几个年轻人讨论起这个话题。

陈坤很严肃地打断了他们："行走是挑战身体极限，是冲着前方，而不是还没走就先想着退出。就连退，脸也要冲着前。"

冲突在第二天变得更加严重。由于头一天的不快，学生们憋足了劲儿证明自己，成功翻越了色拉乌孜山，陈坤也沉浸在"战胜自己"以及"心里充满了正能量"的情绪里。但下山途中，学生们打破"禁语"规则，嘻嘻哈哈聊天。

"我的火噌地就上来了，一言不发快速向山下走去。拐过弯，走到确定同学们看不到的地方，我突然爆发，把手里的登山杖用力朝石头上砸，登山杖几下就折断了。"他回忆道。

这时候，摄像师孙辉还在跟着他，摄像机一直开着，陈坤大吼："不许录！"孙辉继续举着摄像机，陈坤大喊："他们以为我是请他们来旅游的吗？"

在山脚下，他又一次对学生领队大吼大叫。随后，在餐厅里，双方的争论继续。失望者和委屈者互不相让，陈坤抱怨他的队伍"没有我想象中强悍"，受到伤害的学生则给出了这样的指责："坤哥，你花了这么多人力物力财力去做一件完全对自己无利的事是不可能的，我觉得我们不过是你的一个工具，在陪你作秀。"

危机最后是以陈坤的自省化解的。他是个惯于自省的人。在宾馆房间里，他花两个小时思考和解剖自己。"我是个暴躁的人，暴躁而且强势。"他说，他的逻辑是"我不会害你，所以你要接受我的方法"。

比如，在拉萨，他的小弟负责全队饮食，出了一个小差错，他当着全队人大发雷霆："能不能干？不能干就滚！"他后来承认，这是不对的。

终于，他在晚上10点钟走进学生们的房间，先道歉，再交流。他掏心掏肺，讲述自己成长、成名与迷失的故事。这次感情攻势让这支队伍心甘情愿地接受了他的权威。学生们流着泪说对不起。当一个学生说"其实我们就是想要一点鼓励"时，陈坤说："我不想这么早鼓励你们，也许不鼓励可能会不愉快，但是你们会铆着一股更大的劲，想证明给我看。"

"我就是这么长大的。"他最后补充说。

对待自己的队伍，大部分时候，陈坤是强硬的。偶尔，他也会处在摇摆之中，他必须压制自己的同情心，来完成对信念的坚守。这个信念的内容之一是：人要学会接受一切既定的事实。

有一次他失败了。那是在第一次行走的选拔结束后，两个大学生因为身在三亚而没有报名资格，又不甘心放弃，一路搭车到了西藏，每天在活动组住的宾馆外等候，或者远远地尾随着他们行走。陈坤总是狠着心从他们身边走过，无视他们脸上强烈的请求。有一天探访盲童学校出来，两个男生马上对着他行军礼："立正，敬礼！"笨拙的姿势让陈坤发笑又有点难过，他一挥手："走，先上车。"

但他在大多数时候都成功克制了自己。在拉萨的盲童学校里，他一眼就看到一个男孩，瘦弱，安静，"关键是他长得特别像我，我一抱着他，就舍不得撒手了。那一刻我有一种冲动，想把他带回北京，我真的控制不住自己的私心。"

他可以成为这个孩子生命中的超人，这正是小时候他所期望的，一个从天而降的超人带他脱离苦难。但他最终战胜做超人的冲动。走的时候，心里带着一贯的自省，担心这种短暂的温暖消失以后，是不是也是一种伤害。后来同事告诉他，离开的时候，那个男孩偷偷跑出来送他，在墙边站了很久。

两个月以后，他再次路过拉萨，经过一番考虑，没有再去盲童学校看那个男孩，理由是："每个人在成长的过程中都会有希望泯灭令自己难过的时刻，我觉得一个男孩子必须面对这一切，只有面对，他才会强大。"

过去的生活总是反复在陈坤现在的生活里显现威力。他缺少安全感，小时候因为父母离婚总是被欺负，于是希望自己变得强大。

从小到大，陈坤说自己总做着"基督山伯爵"式的梦想，像小说的主角那样，落魄时遇见一个埋藏宝藏的人，最后把财宝偷偷拿出来帮助别人。最初产生这个梦想时，他还是一个重庆一间破房子里的贫穷男孩。

家里的窗户糊着一层纸，纸永远是烂的，小朋友从外面伸进手来就可以拍到他。他不关心自己长相俊美，只记得人生困在泥沼里，最落魄时，家人要靠菜市场捡回来的青菜对付晚餐，以及廉价的豆腐皮。这段经历给陈坤带来的丰富体验此后将不时浮现。比如说，要只能走3分钟路去公厕，他小时候晚上很少喝水，对憋尿记忆深刻，因此，2011年冬天的一个下午，他在寒冷的天气里吃上一碗刚煮好的方便面,突然有感而发:"想体验幸福,最快的办法就是憋尿,憋两个小时才让你上厕所,那一瞬间你就幸福了。"

一些事情随着年龄增长而到来并改变了陈坤。电视剧《金粉世家》的播出,让他一炮而红。但在后来的3年里,随着金钱和荣誉扑面而来,他的内心从兴奋,到膨胀,再到厌恶,最后开始恐慌。他一度得了抑郁症,有几次靠近窗户,差点跳下去。他总觉得内心缺点什么。后来他才意识到,是缺一个核。

2007年,陈坤终于找到了一个让内心平静的方法——禅定。2011年在拍摄电影《龙门飞甲》时,他曾经20多天蒙住眼睛,体验听觉的提升。

曾长久地被生活的不幸逼近内心世界,所以陈坤对"精神"充满了兴趣。因此,他愿意分享的更多是一些方法和经验,"我还有一些私心,我并没有把我的房子拿去给别人分享"。他的内心充满了自上而下的救赎感,或者更通俗地解释:"你们给了我这个机会,让我领悟到内心的力量,你们把我托高了,难道我在上面不能把你们拉上来吗?"

2011年,陈坤带着团队去泰国度年假,他把9岁的儿子也带去了。他们在岛上骑摩托车,不小心和迎面而来的车辆发生了事故,陈坤儿子的腿卷进了摩托车,被狠狠地碾轧。

"肉少了一块,能直接看见里面透出来的白骨,我们都吓坏了,"宣传总监说,"后来陈坤把孩子扛在肩膀上,送孩子去医院。从头到尾,那孩子就没哭过,第一次开口说话是在我们到医院以后,他看着陈坤说:'爸爸,这又是一个考试吧?'"

后来,《人物》记者问陈坤:在医院里,听见儿子说了一句这样的话,你的第一反应是什么?陈坤说:"我还挺高兴的。作为一个父亲,我对他的爱超过我对自己的爱,我看到他心里是软软的,因为他没有母亲。柔软和强大是我必须去平衡的一个问题,他生活得这么优越,我应该对他严格一点。"

去西藏行走之前,陈坤带着9岁的儿子走了一遍大学生拓展训练的山路,一共10公里,两人花了两个小时零10分钟,比大学生们还快。走到一半,儿子开始哭,他严厉地喊:"闭嘴!"

"我不需要他特别亲近我,但是他要强大,要勇敢,要独立。"陈坤说,"因为,我是这样的人。"

陈坤说陈坤

我希望躺到手术台上,胸被打开让别人看。我的好,我的坏,我的异类,我的虚荣,我的自私,你们都可以拿去看。我们都是一样的人,只是经历不一。

小时候有年夏天,有一天大姨买了西瓜回来,我们照例把西瓜放进了水井,之后坐在井边的凉板上,等待被井水浸得透心凉的冰西瓜。但是舅舅的出现却改变了这样一个平常得不能再平常的傍晚,让我一辈子都记住了那个充满了热气、期待着西瓜的傍晚,记住了石缝中流出水的声音。因为,那一天,爸爸和妈妈离婚了。

离婚在我们那个地方是比较少见的。小朋友因此不带我玩儿,欺负我。于是我心里很自卑。在我小时候,是希望有一个人站出来帮帮我的。但是没有人站出来帮我,一个也没有。于是我希望自己变得强大。因为我从小是被欺负大的,对于弱者,我有一种天生想要去帮他的情愫,就好像我在帮小时候的自己。我小时候特别想成为超人,我觉得,当有些人需要我的时候我就出现,是一件特别伟大的事情。

小姨的男朋友去找了一辆旧车,36000块,那个钱全部是我们的钱。是我妈、我继父借钱凑到的。结果买的是辆破车,买过来便开始修,我们本来的梦想是借了钱开始挣钱,结果老修老修。从那以后我们家就一落千丈。在我们两家反目的时候,妈妈到菜市场捡那些烂菜,并且开始掉头发,半夜在房间里哭。

有一段时间,大弟弟跟着我的爸爸和继母生活。那时候他才10岁,我爸爸开一个修理厂,一个10岁的孩子起来巡夜,你可以想象吗?就跟我儿子现在一样大。他住的地方有一部公用电话,平时有人打电话,他可以收一点钱。一年春节,弟弟从修理厂走了3站地来到妈妈家,不舍得坐公共汽车。一进家里,掏出一些零零碎碎的钱给妈妈说:"妈妈,给哥哥跟小弟买肉吃。"

后来我在重庆读职业高中,一边读书一边打工。好容易找到一个在夜总会当服务员的工作。那时候我特别羡慕在台上唱歌的人,唱几首歌就走,收入又高,时间又短,还不影响学习。我想学唱歌,但没有钱。

19岁那年,我报考了东方歌舞团,结果考上了。然后就到北京住上了单位宿舍,我很满足。我很喜欢北京,经常一个人在胡同里乱窜,我也特别能走,可以从东三环走到颐和园。有一天晚上,我一个人在长安街上走,看到高楼大厦里的万家灯火,心里突然涌上一个强烈的念头——一定有一天,有一扇窗是我的。

第二年,一个跳舞的同事叫我陪他去考北京电影学院。我只是陪他去。当时那个同事非要让我也报名,我说我不感兴趣,并且还要交几十元的报名费太不划算了。他说他借给我报名费。接到北京电影学院录取通知书,第一眼看到的是8000元学费。我找朋友介绍我到夜总会去唱歌,拼命去唱。临近报到前几天,还是没攒够。一个朋友的朋友无意中听说了这件事,主动借给我3000元,还说不用挂在心上。我永远记着这个朋友。这种仗义的气度,也很深地影响了我。

到了大三以后,我慢慢接了一些广告,有了一点收入,终于有钱在北京租房子。这个租来的空间就是我的王国,我在那里发呆、看碟、打坐,经常在家里蹲在地上擦地。我有一些小洁癖,希望我拥有的第一个租来的房子每一个角落都是干净的。没戏拍的时候我总在那里宅着,哪儿也不去。

大学时代,我的生活压力很重,每天晚上都要去唱歌,总是缺觉,加上营养不良,看起来总是病恹恹的。有一年,许云帆回东北老家,回来的时候,很不经意地扔给我一个袋子,表情很冷静,"坤,给你的!我爸爸说这个好,我拿过来给你"。我打开一看,是一支细细的人参。现在那支人参还在我家里,已经10多年了。

那时候很拧巴,明明负担很重,却不愿意告诉同学,还故意装出一副很高傲的样子,实际上心里非常脆弱、自卑。有个牛肉拌饭,8块钱一份,我很爱吃,就经常去蹭别人的。我蹭饭的方式还蛮骄傲的,并不是讨饭吃的感觉,总是跟同学说:你请我吃,我下次请你啊。但我的下一次老是遥遥无期。后两年好点了,我记得特别清楚,早上起来,叫上几个要好的朋友,他们都不知道为什么,我说:"我请你们吃牛肉拌饭。"

我们班史光辉有一次请我们几个同学去吃铜锅涮肉,那是我第一次吃涮肉,这么好吃!但是我觉得总吃人家的不好意思,明明觉得涮肉好吃,却不怎么动筷子。忙着跟人家讲话。史光辉三杯酒下肚，"啪"的一下把筷子一拍说："陈坤！你必须把这一盘肉全部给我吃了！你要敢想其他的，我饶不了你！"

我大学时候很少早退，特别记得的一次早退，是因为赵宝刚导演拍《永不瞑目》的时候来我们学校选角。我想，这么好的事怎么能轮到我呢？所以我走了。

《像雾像雨又像风》是赵宝刚导演找我演的。当时所有人都觉得我演不了陈子坤，但是宝刚导演相信我。所以哥们儿命还是挺好的，总是在路上遇见贵人。宝刚导演说话带刺儿，有一次说："你啊，你只能演这种小修表匠什么的，少爷演不了！"当时刺激了我一下。我演陈子坤的时候，有一次穿少爷的西服，宝刚导演开着玩笑说："你看你哪像少爷，你看陆毅，多有贵气！"我就咬紧牙在那儿说："你等着！"

拍《像雾像雨又像风》我拿了9万块钱！3000块一集。第二天我就去邮政局给妈妈寄了4万块。那个时候家里欠了一万多的债。剩下的5万多块有2万交了出国的押金。最后我留了1万块给自己作为后续的生活费。

人总是有这样一个心态，觉得侥幸得来的都不是最适合自己的。大概因为当初我上电影学院很偶然，也很侥幸，只是为了可以多在北京待四年，所以潜意识里总觉得，演员这个职业不一定适合我。我真正的理想是什么呢？我小时候真正的理想是做一名室内设计师。

我踏上了去欧洲的旅程。进法兰克福机场的时候就非常犯贱，机场里到处飘着奶酪和很香的面包味，我就使劲去闻那个香味。我在那边非常节约，吃个冰激凌会考虑吃一个球还是两个球。"紧着花"这个过程让我觉得很快乐。

我去了北欧的那所设计学院,去面试。我非常爱那个学校,那是我梦寐以求的读书的地方。可是我去到那里的第一刻就知道了,我根本不可能在那里读书!不仅生活费很贵,还不允许学生打工。后来我终于面对现实,我不可能读的,因为我支付不起。回到北京我在朋友面前还假装很开心的样子,只当去欧洲旅行了一趟。没有人知道,我的心里其实很难过。

我把欧洲回来省下的5000块钱塞给了大弟弟:"你要存一部分。万一妈妈的生活费用完了,这个钱可以应急。另外你现在交朋友了,给自己买点衣服。"很多年后我才知道,弟弟一直存着那笔钱,一分都舍不得花。这就是我弟弟。

好像是一夜之间,大家都认识我了。原来因为SARS,所有人都待在家里不出门,而电视台都在放《金粉世家》……于是我给母亲买了一套大的公寓,给自己也买了一套公寓,弟弟结婚给他买了一套房子。这样的一个物质实现带给我的冲击无比巨大。我有点晕眩,同时也隐隐地焦虑。常常在想:要接哪部戏能让我更红,赚更多的钱。欲望占据了思想,但那时,我并没有意识到。

我十几岁的时候是有计划的:以后要分期付款买个房子,努力工作去还款,要去旅行,去吃好吃的,吃涮羊肉。突如其来的财富和名声打乱了我从记事以来对人生的计划,而且它们强大到足以消灭我作为一个普通人自我进取的希望和快乐。

塞翁失马焉知非福,我害怕好事。一到好事我就紧张。我的职业是突如其来的暴发户。从2003年到2006年,我的内心一直都恐慌不定,每次离开家的时候就特别恐慌。我觉得现在拥有的一切都不属于自己!有一天我开车在路上,突然间觉得特别害怕。那天回到家里,第一件事就是把我所有的银行卡全部交给我的家人,把卡的密码告诉他们，怕自己有一天会突然死掉。

2007年，我开始寻找一个方法，让我放松和平静下来的方法，也许有的人会欺骗自己，告诉自己说"我很厉害，这一切本该属于我"。我做不到。我不能假扮我比别人强，所以这些东西就是我的。2008年，某一天，我豁然开朗，心里生出了一个强大的信念：我的生命中不光有我的家人需要照顾，还有更多需要帮助的人，帮助他们的生活远离痛苦，帮助他们的心态远离灰暗，这才是我未来真正要去努力的方向。拿到了名和利，你多做好事不就行了吗？做对得起你心灵的事情。

男人好看，年轻的时候是敲门砖，在演艺圈、在生活当中都是这样。人都天生会选择一个好看的人在一起。我现在应该保持更美貌的一个形象。要真的让我发胖到特别厉害，我有点舍不得了。虽然在戴有色眼镜和世俗的判断里面，男演员长得漂亮就没有演技。要不要为了证明在这个职业里面是"实力派，比偶像派高"，我就把自己弄得很胖很丑，这曾经困扰过我几年。

我成名不久后，有一次去参加一个国际电影节，在后台遇见了一位很有地位的女演员。我上去很有礼貌地握手说："你好，我是陈坤，很高兴认识你。"那个女演员缓缓地转身，轻描淡写地瞟了我一眼，冷冷地"哼"了一下。我笑了笑没说话，面不改色地往前走，其实心里已经翻了好几遍了。

我有一个不太好的毛病叫"记恨"，那件事让我记恨了很多年。当时那种刻骨铭心的憎恨和愤怒一直憋在我心里，最后化成了一种动力，催促我不断地强大。

几年后，我突然发现理解了那个女演员。也许在她心里，我是一个靠脸蛋成名的空架子。到今天为止，假如一个没实力但人气很旺的明星，在我面前"嘚瑟"，我也会很不给面子。如果对方发愤图强，也未尝不是一件好事。

我很喜欢挖掘人身上的闪光点，李宇春身上就有。拍《龙门飞甲》时，她一来就拍沙漠的戏，很冷很苦，但这孩子一句话不说，一直认认真真地拍。那一刻我就知道了，这还真不是一个不珍惜机会的人。有一天我们拍大场面，宇春晕倒了，起来的时候，也是很酷地说："我没事！"

在明星的光环下，我想，最大的考验就是荣辱。明星就像天上的星星，正因为够不到，所以每一个人都好奇，每一个人都想摘。他们怎么也不相信，其实我就是一颗石头。

有一天，我在外面谈事情，一个不认识的人走过来想和我拍照，我客气地说"现在不方便"。那个人一转身，嘟囔了一句："哼！不就是个戏子吗？牛什么牛！"我站起来冲他喊："你说什么？！"但那个人没有回头。有很长一段时间，我是跟"戏子"这两个字过不去的。为了对抗这个有侮辱性的称谓，我拼命地看书、学习。后来我尝试着去思考，我反应为什么那么激烈，是不是因为我不够强大？当我强大的时候，我就能承受任何人对我的侮辱漫骂。同时我也看清了，对方骂你，正是他内心自卑的表现，当他不能战胜你时，就用赤裸裸的、刻意强加在你身上的东西来挫伤你。

我用了10年的时间和演戏这件事"和解"。《画皮》之后8个月，我把自己关在家里，认真思考和反省。我忽然发现，我从来就没有热爱过表演。同时我脑中再次跳出这句话：命运既然把我带到了这条轨道上，我应该去接受它。从我出道以来，我就一直在演主角，从未体会过配角的状态。我要去尝试，去探究。《让子弹飞》里的角色是我自己"争取"到的。有一天我问姜文："我这样的偶像演员你敢用吗?"把姜文吓了一跳,说:"这么小的角色你来吗?"

小时候面对媒体开不得玩笑,回应总是特别尖锐,那是一种貌似强悍的自我保护。现在我会主动讲自己的缺点。比如人家问我:"跟个子高的女演员拍戏,怎么办?""踮跟呗。"

2010年,我成立了自己的工作室"东申童画"。从那一天起,我真正从男孩变成一个男人。那一天我发现我长大了,强大到可以保护自己,我成为了小时候希望出现的保护我的那个人。

有一次,我们去香港给徐克的太太过生日,很多业内资深人士都到了,我能看见他们对老爷徐克的尊敬。我知道,这种尊敬需要岁月来积累。那一天周迅也去了,我和小迅说:"我们老了以后也要这样。"

很多人都告诉我,生活应该怎么过,抽什么牌子的雪茄,喝什么牌子的香槟和红酒,我听不进去的。我觉得,有这个必要吗?花一千块喝一支香槟,花一万块买一支红酒,疯了吧?也许在一些"贵族"阶层看来我是个没有品位的人,洗澡的时候还是会随手关水,走到另一个房间会随手关灯,吃剩下的东西还是会打包回去。我曾经以为,这种"节约"的观念是过去贫穷的缘故,或者20世纪70年代出生的人大多有一种危机意识,但直到开始在西藏行走,不断观察自己,才明白,在更高的意义上,我是一种潜意识里的自我约束行为。

走到今天,我才真正认清了明星的本质,也认清了名利的虚妄。既然我现在拥有这个"光环",那我不如用它去成就一些好的事情。

我很好胜,但不是说我要拿第一名,而是我要认可我自己。我不服的不是输,是明明我能做到,但我却没有坚持做到。以前有人用四个字形容过我——破屋重筑。破烂的屋重筑。你想想这4个字,太像我了。

辑
三

PART 3

自信

...

我正在做的事很牛

姜文

宠与失

作为中国最独特的电影人之一,
姜文拥有罕见的才华和强势的个人魅力,
他赶上了中国影史上最具国际声望的发展阶段,
赢得了资本市场的万千宠爱。
但观众期待的姜文、资本需要的姜文
和姜文自己的追求之间,都存在距离。

坏消息

对于姜文来说,转折自《一步之遥》后出现。2014年12月7日,新片原定首映日的前一天,姜文出席了电影资料馆举办的"姜文表演回顾展"活动。活动间隙,他问已经看过工作拷贝的电影学者、北大教授戴锦华的观后感,对方回答他:"与之前的预期相比,有点失落。"

姜文"啊"了一声,语调上扬,未曾预料会获得负面评价。

在电影方面他拥有极为挑剔的口味,有时候被逼着看某个电影时甚至会有生理反应。有一次看一部喜剧片,他当场落枕,同在现场的编剧史航猜测那是因为他一路梗着脖子。另外一次看一部国产片,姜文吐了。

但从12月7日那天起他不得不接受外界的挑剔,那也是此后大量涌来坏消息的开始——当天放映的是他演员时期的代表作《本命年》,他到资料馆二楼看了一会儿,只过了10分钟就匆匆离开。那天并非怀旧的好时机。姜文除了听到导演生涯中少见的负面评价之外,还得知《一步之遥》未通过审查。

当天深夜不亦乐乎电影公司宣布第二天的首映礼延期。消息太过突然，得知延期的时候，原定的首映礼主持人陈鲁豫正在准备8日的礼服。等到12月15日，正式的首映礼为等待修改后过审的拷贝推迟了几十分钟，但毕竟顺利进行。现场气氛在电影开头出现龙标时达到高潮——却是当晚唯一的高潮——140分钟的电影结束之后，掌声稀稀拉拉，有种谨慎的疑虑。上台致辞同时也是第一次看到片子的主演葛优、王志文表示"要回家琢磨一下"。

大量的负面评价在当晚的互联网上涌出。第二天，姜文带着主创团队到腾讯参加节目录制，他的嘴上结了块红痂，袖子如同往常一样卷得很高，表情是一贯的像是有些不确定但又其实成竹在胸，表示之所以有观众声称看不懂是因为等待拷贝时间过长而说出的气话。

《一步之遥》中饰演军阀的刘利年是姜文的多年好友，他在网上看到了这段视频，说道："我一看他的脸绷着，血压升高。不至于这样，有脾气也不至于这样。其实他原先没这样，可能大家太不理解他了。一个艺术家别人不理解的时候多郁闷啊。"

姜文此后开启了前所未有的解释模式。12月17日从下午1点到晚上8点，他坐在工作室里一张镶着大圆铁钉的长条木桌前接受采访，并指挥一个庞大的阵营陪同——包括廖一梅在内的4名编剧和1名摄影指导。当被问及亲朋好友的观后感时，他挨个点名回答："那天对你什么态度了，亲朋好友给你什么态度了？"又或者，"你说说。"那天下午他只见了5家媒体，一家原定只有15分钟采访时间的媒体与其聊了一个多小时。桌子上的烟灰缸里已经盛满雪茄烟蒂，他主动解释起《一步之遥》的主题，告诉《人物》，妻子周韵说："你现在一定要对记者耐心。"

他情不自禁地将给出差评的大V称作王天王，《一步之遥》中一个扮丑的戏子。在这一轮采访中每当被问及差评他总是这样形容——"王天王同志,这种有名的天王,有话语权的,是吧……为了自己的名气,他们不管马走日到底出什么事了,也不管马走日其实底线比他们高,那这种哗众取宠让大家都很高兴嘛。我们不想懂得你,我们不懂,就不想懂你,不但不懂,给你关在那笼子里,谁都懂不了。"他的声音是演员经过训练的那种,有胸腔共鸣的感觉,长篇的讲述隐隐透出焦虑感。

与其他作品质量不稳定的一线导演相比,姜文几乎从未承受过任何对其电影本身的质疑。广泛的差评和随之而来的解释都是罕见的。"真的少啊,少见。"与姜文两次合作过的编剧郭俊立说。

这是电影上映带来的一种变化,在此前后姜文对待媒体的态度迥然不同——就在11月末、上映前半个月,他应对5家媒体,仅仅用了半个小时。再回溯到更早以前,投资5500万的《太阳照常升起》仅收获1700万票房,几年后姜文因《让子弹飞》获奖,编剧危笑替他领奖时姜文嘱其带话:"感谢那些喜欢《太阳照常升起》的人们。"他以一种强硬而简短的方式表达不满,面对有称"看不懂"《太阳》的评价时,他的回应不过是"再看一遍"。

电影《一步之遥》官方海报

教父

　　姜文对自己对电影的认知一直保持着绝对自信。冯小刚曾记录过一个广为流传的故事，1991年一队人马在纽约长岛拍电视剧《北京人在纽约》时，电视里播放了几十秒英国影片《桂河大桥》，马晓晴说该片的主演是大卫·尼文，而姜文则称片里没这么个人，导演倒是叫大卫·里恩。他说这部电影自己看过7遍。双方打赌，赢的一方有权对输的一方做任何事。冯小刚陪着马晓晴等人去借录像带，结果发现姜文赢了。文章中写道："大家都很兴奋，不知道姜文要如何处置马晓晴。姜文让马晓晴坐在椅子上，对她说：我就是想告诉你，心里没数的事，别跟人打赌，尤其是别跟我在电影上抬扛。"

　　他是天生的演员，职业生涯以表演开始，中戏入学考试时朗诵了契诃夫的《变色龙》。在老师张仁里的招生经历中这是第一次，"没有一定的文化修养以及对契诃夫作品的独到理解，没有内在的幽默气质，这种风格是很难把握准确的"。中戏表演系1980级的男生特别闹腾，时常扰民。同毕业自中戏的史航听说过一个段子，隔壁胡同居民给街道提意见，结果姜文和同学就乔装干部，去居民家敲门家访——中戏的学生怎么打扰你们了？写成材料，签字。然后接着问，相不相信组织？相信？相信就别闹了，等我们给你们落实这个事儿。

　　表演并不足以耗尽姜文，他似乎拥有某种洞穿生活本质的天赋。"他说莎士比亚写剧本就是到处给生活起外号，这段生活叫'麦克白'，那段生活外号叫'罗密欧与朱丽叶'。"史航回忆，

"他说生活可以是糟糠，但电影不是。"姜文还给史航起了外号叫"有声的思想家"，意思是话多，不出声就无法思考。一位摄影师也曾对《让子弹飞》戏外的一个场景印象深刻，姜文拿了一块橡皮泥，说要捏一个副导演的嘴，"咔咔咔"一捏，真就是那人的嘴，"捏得确实像"。

除此之外，史航认为姜文的欲望也不可能满足于单纯做演员，尽管他早在24岁时就凭《芙蓉镇》的一个中年"右派"角色获得百花奖，但是演员没有对全局的掌控能力，"他作为导演，你不好，不好我把你剪掉，就是他能控制"。

现实生活中姜文很少失去把握，尤其是对人的把握。当他找到洪晃时，对方以为他想让自己写剧本。结果姜文在饭桌上非常严肃地表示"有件事儿我得求你，你得帮我演一个角色"。洪晃2005年曾主演过一部电影，此后她说，我要是再演戏，所有人都可以大嘴巴抽我，因为我真的不是一个专业的演员。

但这次她面对的是姜文。姜文强调，这个角色很厉害，是个军阀的大太太，只能是你来，也不是来演，就是来剧组玩玩。结果，"特没出息""一顿饭没吃完我就已经答应他了"。洪晃甚至没提自己因此破了抽嘴巴的赌咒。拍完之后尽管觉得演了个"恶婆"，跟自己的写作者形象有些冲突，并且表示以后再也不演了，可她又有一个转折，"但我觉得我很幸运，第一我有姜文这么一个朋友，他愿意让我演这么一出戏，挨一万个嘴巴子就挨一万个嘴巴子吧"。

姜文还去邀请过当时已经搁笔3年的编剧廖一梅为其写剧本。他引用了科波拉拍《教父》的典故，科波拉想找一位名编剧，但对方不同意。科波拉说，你就给我写一场戏，那场戏是电影里最重要的。姜文说，我觉得你也可以给我写一场戏。

廖一梅后来不止写了一场，她在位于怀柔的庞大的剧组住了4个月。这场合作是双方预料之中的结果。她曾在文章中描写姜文，"凡碰上会写字的，就鼓励，就要求，就威胁对方给他写剧本，不答应就各种甩小话儿各种给脸色。"至于自己，她说到这里低下头笑了一下，"反正他一直说我欠他一个剧本，我就同意了我欠他一个剧本。"

这并不是姜文唯一一次参考《教父》。《一步之遥》的开头也模仿了这部他最欣赏的影片，不同之处在于马龙·白兰度抱着一只小猫，而姜文抱着的则是一只白兔。姜文曾和史航深入地讲过这部电影，教父其实是个"怨妇"。"越有权力，越要演得毫无权力，"史航说，"一个那么强的人，他需要你，他在乎你对他的东西，他有那么充沛的反应，对你那么哀怨，哀怨就是需要你……他的权力用来制造与他人交往的黏合剂——说得俗一点就是——制造反差，让你永远忘不了他。"

自媒体微信公号"仕图"曾发表过一篇有关姜文的文章，其中分析道："暴君都是聪明人，业务上往往也很能让人服气，他出现的地方，男人变成随从，女人变成嫔妃，走到哪里，哪里就变了后宫。"不过，"姜文是囧字眉，囧字眉可以柔化暴君，一个人做事粗暴点，如果有囧字眉一下子就可以变得孩子气了，最多有点任性撒娇了。"

在美术指导柳青看来，姜文也正在"往教父上走了，《让子弹飞》之前的几部片子他不是，那会儿是一个诉说和表现的，他是那么一个……还没到，现在已经开始可以传道授业，具备那个能力了"。

这个圈子倾向于相信，姜文想办的事一定有办法做成。1993年，香港电影人文隽投资姜文的处女作《阳光灿烂的日子》，制作最终超支100%。文隽其实觉得早在开拍第一天就已迹象初露——他去探班，发现这天姜文光是在拍白云，拍了三四千尺的底片，"当时我心里面已经，其实暗地里都一凉了，肯定会超了，怎么办？"文隽回忆，"但是姜文都跟你说了，我第一次当导演，你就让我过瘾一下，你能拒绝他吗？所以我说他是个很有说服力的人。"

文隽回忆，此后姜文拍《太阳照常升起》时邀文隽去看片，说还缺500万美金，怎么办？文隽说："我说我真没办法……我心里面那句话就说，我前面已经跟你合作过，我知道我没办法控制你，对不对，我知道你的本事是，你不达目的不会罢休的。"

"你说内地电影圈有很多种形形色色的导演，像姜文那么有想法，那么反客为主，老板都要听他的，真的，我觉得恐怕只有姜文一个人。"文隽评价。

姜文的合作伙伴、与其各拥有不亦乐乎电影公司50%股份的马珂告诉《人物》，没有人拒绝过姜文，"因为他是姜文啊"。

姜文自幼已经表现出某种特别的气质。他的弟弟、演员姜武在回复《人物》采访的邮件中写道："听我妈说，我小时候有点蔫儿淘，看上去老老实实、不哼不哈的，有时候干了'坏事'，别人还看不出是我干的，还以为我是个好孩子。而我哥属于'我就是这样'的那种人，干什么全在面上摆着，做'坏事'也做到明面上。这也是为什么姜文塑造了《让子弹飞》《一步之遥》等作品中众多硬汉角色的原因。哥哥从小骨子里就有一种勇士情结。"

文隽则说："阳刚已经不足以去形容他，阳刚很容易，身体训练好，然后体魄好一点，高大。但是他不止，他是从里面到外面那个霸气,对不对,那个气质都是别人没有的。"

1993年,30岁的姜文开始准备《阳光灿烂的日子》,他在北京郊区良乡一个部队汽车团复制了自己童年的环境,一个北京军队大院。初执导筒的姜文很兴奋,剧组有大炮的道具,他总愿意坐在大炮上拍。在开拍前,饰演马小军的夏雨已经和其他演员在良乡住了几个月,他们每天都穿着20世纪70年代的军服,早上6点半起床做广播体操,白天看20世纪70年代的资料片,革命歌曲反复播放。演员们一开始比较反感穿军服,觉得不好看,姜文给他们做工作,说这是身份的象征,也是一个男孩的勇气的象征。有时,原著作者王朔会亲自到剧组进行"革命传统教育",姜文将之称为"腌"演员——他们变成了20世纪70年代的孩子。

"文革"对姜文的家庭并非没有伤害。他出身军队大院,父亲曾任志愿军军医,母亲在"文革"时期遭遇迫害。编剧朱苏进曾听姜文讲过一个故事,"文革"结束后母亲不肯吃好东西,严重营养不良,姜文想让母亲喝碗鸡汤,可母亲回说,非得平反了才能喝。姜文没办法,只能用一个肥皂刻了公章,在一张公文纸上一本正经地写了篇《平反书》,盖上章给母亲看,他说党中央和军委都为你平反了,喝鸡汤吧。母亲激动得不行,终于把汤喝了。

不过20世纪70年代对于少年姜文来说是一段好时光。1973年,姜文全家结束了随父亲部队的流动,回到北京的军队大院。那时已是"文革"后期,革命不是父辈那样的亲身经历,而更像是某种戏仿。革命年代的经历让他迷恋枪声、军服、火车——这些元素在他的影片中反复出现,另外频频现身的是领袖讲话和群众联欢的场景。

此后人们屡屡将姜文影片中过分饱满的美学视作对伟人的致敬。但事实上,正如《阳光灿烂的日子》里的马小军那样,他穿军装,喊口号,但只是追随潮流。在姜文看来,童年时光"无论是在那之前的过去,还是现在或者将来,人们永远都没有那样的自由。以前人们是政治的奴隶,现在人们是金钱的奴隶"。在1990年一次接受媒体采访中,他动情回忆,童年留下的印象如同摇滚乐一样。

《阳光灿烂的日子》上映后,姜文也曾回应过该片是否是自己的自传,"我从小生长在部队的环境里,幼年时代所受的是共产主义教育。要为全人类解放做出贡献的愿望会常常在我的脑中出现……所以也很自然地带到了我的影片中。我不知道我是否是马克思主义者,但斗争或者竞争对我有刺激,有吸引力。只要一想到这事挺难的,或者说有挑战性,我反而会很兴奋很激动。"

曾有媒体记录过,在姜文早期的工作室里,墙上挂着马克思、恩格斯、列宁、斯大林、毛泽东的绣像,此后工作室迁新址,他书架上又摆了一张日常少见的毛泽东在延安时期的照片。创作《一步之遥》剧本时恰逢百名作家抄写《在延安文艺座谈会上的讲话》,他找了一个在法国学戏剧的女人把讲话内容朗诵了一遍。

采访时,他说自己之所以找人念"讲话",是因为"很多人都说知道知道。那天让我问了一个,就是各种事都懂的一个人,我说你知道,我说你告诉我怎么讲的?……分几部分?讲的什么?真的很值得去看。就是说,它竟然是17000字的一个讲话,所以很多人没想到,这么长,而且分两大部分"。但当被问起这篇讲话是否对其剧本创作产生影响时,他给出了否定的回答,称只是"当知识来了解"。

不可否认,时代的胎记仍然印在姜文的身上,他习惯性地称呼人为同志,舒淇同志,蒙娜丽莎同志,或者达·芬奇同志。当《人物》问起时,他愣了一下,反问道:"我说的时候多,还是不说的时候多?"然后表示,"我这么大岁数了,就按照我所习惯的,就是comrade。"

再次成功

《一步之遥》的编剧团队住在中影怀柔基地的389房间,厨房的对面。吃饭的时候"桌子上都是碗"。这一点令编剧于彦琳印象深刻,"就没吃过那么多东西,在短暂的时间内吃那么多东西的事儿很少有吧,在成年之后。"

肉昏迷——姜文会这样形容酒足饭饱时的感受。于彦琳曾经问过姜文,为什么电影内容如此密集。姜文说,这是我请客的方式。他常把拍电影比喻成请客,一定要上最好的肉菜,而且满桌都是肉菜。

他不喜欢慢节奏,第二部电影《鬼子来了》有4000多个镜头,快过武打片。做《让子弹飞》后期的时候,他曾和公司的人讲,谁能多剪掉一秒钟就奖励谁。《一步之遥》的制片人尹红波解释,姜文既追求感官刺激,又要加入意义,"节奏快没有办法,他太多东西了,想表达的东西太多了,要不快就表达不完了"。

他鼓励肆意癫狂的想象力,被视为中国最具"酒神精神"的导演。电影要"high",这也是《一步之遥》美术指导柳青接到的要求。为了让一个沙滩场景能够表现出金灿灿暖洋洋的感觉,姜文决定购买两卡车玉米,磨碎当作沙粒。

按照柳青的判断:"老姜的电影,你看以前几部片子,都会带来很强的冲击力。从形式上来说,它高度统一到一个风格上,高度统一，影响了所有人。"廖一梅则表示，很清楚自己是在帮姜文建造他的世界，没有一丝一毫的愿望强迫他接受其他风格。

快节奏的审美之下，为了填充丰富的意义，姜文需要强大的文本支撑。著名编剧朱苏进曾与《让子弹飞》团队开过"我这辈子开得最长的会"。剧本会往往一开就是好几天，这位作家向《人物》回忆时笑了起来，"过去开党委会都没开那么久，开得我几乎想跳楼"。

但他认为，理解姜文的这种编剧方式其实是"要害问题"，"姜文这个人在我看来他自己心目当中，在做任何一个电影他心里是有一套想法的，而这个想法他在很长时间他处在一种不确定状态，他要用一个苹果……但我一时还说不出这个苹果是什么滋味，它的圆周率，它的基因和成分组成对不对。那么有些导演，比如姜文这个导演就会找一帮人来，把天下所有的苹果都摘下来，一个个量，他首先就会知道哪些苹果是他不需要的。但是他需要什么呢，他一时也说不清楚，他必须是在寻找过程当中完成确定以及生长"。

在某种程度上，编剧承担了试错的功能。这种工作方法在《一步之遥》达到顶峰，足足9个编剧——一位曾经与姜文多次合作的编剧认为，编剧越多，其实就越稀释了编剧的个体价值。"9个编剧你根本记不住谁写的，"那位编剧说，"唯一的功能就是显示导演厉害。"

从22岁出道开始姜文就走上了封神之路。他几乎没演过年轻人，第一个角色就是溥仪。作为演员的姜文，其声誉与20世纪八九十年代中国电影的崛起息息相关。当时中国电影仍是制片厂制度，还未走向完全的市场化，第四、五代导演以艺术片在国内外电影节攻城略地。姜文参演了《春桃》《红高粱》等一系列重要作品。"中国最优秀的男演员，没有之一。"编剧史建全对《人物》说。

洪晃则称姜文是"少有的男女通吃"，"男的崇拜他爷们，女的喜欢他男子汉的感觉。"在洪晃看来，姜文是sexy symbol，性偶像。

投身导演行列的姜文仍然没有让人失望。比姜文年长些的导演被视为"第五代"，少年时卷入"文革"动荡，接受专业训练后有强烈的求新愿望，作品的象征性、寓意性十分强烈。比姜文年轻些的一批导演是"第六代"，他们在主流话语体系和突如其来的市场环境之间求生存，往往走入地下。夹在两个代际间的姜文没有那两种群体性特征，按照朱苏进的评价："一般情况下，导演啊编剧啊，鸡生鸡蛋，鸭生鸭蛋，鹅生鹅蛋，姜文下蛋有时候会下一个恐龙蛋。"

他独立导演的第一部电影《阳光灿烂的日子》即助夏雨摘得威尼斯电影节影帝，第二部电影《鬼子来了》获得戛纳电影节评委会大奖，而《让子弹飞》的6.7亿票房证明了他在商业时代依旧可以是成功者。

姜文从未在艺术层面妥协过。此前拍《太阳照常升起》时还曾因资方资金链断档而停拍9个月。但成片中看不出资金的窘境——服装细化到了20世纪70年代胸罩肩带的样式。品相永远第一，女主角的一双鱼鞋比一辆车都贵。为了建造20世纪50年代的蒸汽机车，剧组拆过13列火车。

2005年，马珂找到姜文，自荐当他的制片人，他是姜文电影的粉丝，找到姜文的原因是"姜文是最好的"。当时忙于《太阳照常升起》制作的姜文并未回应。那部影片经历了可怕的失败，群众反映看不懂，5500万的投入只获得了1700万的票房。姜文决定进行一次更易懂也更商业的创作，说起《让子弹飞》时表示，"起码让人家把钱赚回去呗！""我觉得拍一个挣钱的电影不是特别难的事，老说票房确实不好……我的意思就是说，我们把更多的精力让这个电影变得更有意思，更好看，总比死乞白赖掉钱眼里有意思，对不对？"

两年后，姜文主动联系了马珂，两人开始合作，成立"不亦乐乎"公司，各占50%的股份。马珂负责制作、宣传、发行，在那些艺术以外的领域为姜文保驾护航。

《让子弹飞》巨大的成功也让姜文在新片里获得了更大程度的资本保障，在《一步之遥》里，他将自己的电影美学发挥到某种极致。廖一梅称，编剧团队写的内容可以支撑起10部电影。参加演出的群众演员超过2万人，造型指导张叔平一共准备了27249件服饰。刘利年试了十几次服装，"高了一点，低了一点，衬衣问你舒不舒服，我刚说不舒服，剪了重做，哇，你就感觉都不好意思了"。

文隽注意到姜文也试图在商业上延续自己的领先地位，"《太阳照常升起》其实给他一个警号，或者给他一个讯号，就是现在市场的大潮来了。你牛×吗？牛×。什么算牛×？就是票房第一才牛×。所以现在你看姜文追逐的不是去什么影展，而是我《一步之遥》要打破《变形金刚》的纪录"。

失衡

著名编剧芦苇将姜文强烈的个人风格总结为"我牛×"。但芦苇又说,"姜文确实牛×,但他的问题是过分依靠牛×。"《一步之遥》并没有获得期望中的成功。如果要收回投资,至少需要10亿以上的票房,而截至12月30日,票房4.79亿元。片方从12月23日开始推出2D版本,试图抢占更多的银幕,但已无法扭转颓势。

"他占尽了电影界最好的资源。"贺鹏说。贺鹏是先力电影器材公司的董事长,同时也是《太阳照常升起》的投资方之一,他认为投资人与姜文合作考虑回报的较少,总是冲着姜文的才气和未来,"有些买未来期权的意思。"但贺鹏也意识到,"从我个人的这个情怀来讲,就是怕把他宠坏了,宠出一个问题来。"他说,"姜文呢,永远是这样,波浪形的,这部挣钱,下部戏不一定挣钱"。

至于如何评价《一步之遥》,贺鹏感到有些犹豫"我觉得《让子弹飞》就是他说服自己的一个杰作,然后《一步之遥》呢,我现在也不好说,是回归了,还是又……对,我不好说。"

尽管姜文不愿谈资本和票房,但他很难避免受到影响。他还找到过《太阳照常升起》的投资人王伟,希望"再干一个,把这钱赚回来,不能让你赔了"。王伟后来向《人物》评价:"姜文内心还是一个强者,什么是强者,就是不欺负人,不占人便宜。"

对于姜文来说,"底线"是个关键词,他是一个对自己有要求的男人,教父。刘晓庆曾经身陷税案,姜文花了大钱请到北京最出名的律师帮她打官司，虽然他们那时已分手10年。某种程度来说，《一步之遥》的故事像是姜文的自喻，一个有底线的人的故事，一个"不好意思的英雄的故事"。只是很不幸，这次大家没能看出故事的本意，还得辛苦他自己拼命解释。

作为一名支持姜文的商人，谈到这个时代时，王伟显得有些愤世嫉俗并滔滔不绝，他认为《一步之遥》是对当下物欲横流的一种现实批判。"姜文作为一个有历史格局的人来看现实当中的问题，中国这样的人不多。我问老姜你老拍这个累不累？他说我还是希望我这片子500年以后还是有人看的……中国电影大部分都是垃圾，《被解救的姜戈》这样的电影在中国只卖3000万，我不知道他们喜欢看什么……姜文的电影卖成这样，我觉得也正常，有什么不正常的吗？"

王伟说下次再见到姜文，要鼓励对方去拍一个别在中国放的电影，"你别再来这个了，多难受啊"。坐在自己紧邻高档别墅区的公司里，这位曾经涉足房地产的商人调侃中国电影2014年度的票房，"300亿？就卖俩楼"。

《鬼子来了》之后，姜文被禁5年，37岁到42岁，是一个导演最黄金的年龄。《一步之遥》成片后只需要改动几个人名和表述，"就是画的是细声雨，改来改去看着还是细声雨。"姜文说。但突如其来的审查决定令片方措手不及。

拥有资本和信心支持的艺术家最终也许越过了一个平衡点。"实际上我觉得这个戏对我而言，它有点儿太满了，满到最后像流水账。"郭俊立说，"以前姜文电影的节奏都非常非常好……我觉得老姜电影里边的节奏感是最有风格的。但是恰恰这个片子在节奏这块就出了点儿问题。"

狂欢过度成为电影争议的主要原因。戴锦华在首映当天又看了一遍《一步之遥》，她确定了自己的判断，以往成就姜文的特质，比如快节奏、荷尔蒙、饱满的情节，正逐渐走向失衡，"平衡把握不足"。

观众与上帝

采访结束之后，姜文突然叫住《人物》记者，说要给大V带句话。当晚姜文听说有人带着纸笔进电影院记录，然后在网上发差评，他有些激动和委屈："如果你是大V我必须给你说句话，衷心感谢那些热情洋溢的负差评，他们甚至勾起了我的好奇心和欲望，我又去看了一遍《一步之遥》。以他们的方式拿一支笔一张纸，看一下、记一下，看一下、记一下，确实对观影带来了一些障碍，但是不至于不懂我所看见的那些部分。但是在我记笔记这些部分，我确实漏掉了，我也看不懂。可以这么说吗？谢谢。"

说完，他停顿了一下，突然转头，对着空气喊话，像看见了一个不存在的人："没完没了了怎么？说你一句不好你怎么没完没了啊？"这方寸之地成为独角戏的舞台，他转向记者，"这句话也是姜文说的。"

在场的4位编剧保持沉默，摄影指导谢征宇拿着记者的手机给姜文拍照。姜文先望向右边，摊开双手，做出询问的姿态；然后望向左边，左手食指开始指指点点，做批评状。

"对话。姜文与姜文自己的对话。"他笑道，表示这可以做文章的题目。

"他是一个在解构中间获得乐趣和安全感的人,"史航曾对《人物》形容姜文的思维方式,"就是你要说的事儿我自己全说了。"

如今姜文的安全感似乎正在遭到威胁。他反复提及的评论是"看不懂":但差评还包括"自恋""无意义"等。他曾无奈地对媒体解释,"我不是说大家不可以批评……理智上说,我什么都应该接受,什么都应该面对,里边稍稍有一点让我觉得不够理想的状态是,我是这样要求我自己,我不要用情绪来对待眼前的事情,但是现在碰到很多的事情是,很多人是在宣泄情绪。"

在采访中,姜文经常使用反问。在一次对他的群访中,一位记者问他如何看待自己电影中的戏剧张力。姜文仰起头,"我拍《红高粱》的时候,有个副导演就老说戏剧张力。"然后他望向那位记者,"我说对不起,什么叫戏剧张力?他跟我讲半天,我到现在还没懂。你今儿用这词儿,你必须跟我讲清楚,什么叫张力?"他微微有些口吃,表情茫然,这从某种程度上消解了对话的攻击性。

"宝贵的不耐烦。"史航解释姜文抗拒媒体给他贴标签时的态度。同时他也非常感慨姜文与媒体之间的沟通不畅,"该得到的尚未得到,该丧失的早已丧失"。

姜文赞成电影与观众保持"调情"的状态,"一把观众当上帝,这电影就没法看了"。他批评中国电影人"拍电影就是经常把自己当糟糠,反正嫁你了,俩孩子了,脸也不洗头也不梳了,什么糟心聊什么,弄得两人都特没面子"。

史航记得姜文剖白拍《太阳照常升起》时的心情,"我是跟上帝聊天儿,但我不介意你们在这儿"。

最近两年,中国的现象级电影是粉丝电影、类型电影,甚至一首网络流行曲都能被搬上银幕。姜文的趣味因此显得"精英"。

2015年1月,姜文即将加盟北京卫视的真人秀节目"造梦者"。真人秀强调观众选择,但在与节目组讨论规则时,姜文提出可以淘汰观众。"那么观众也有不好的观众,也有没有判断力的观众,为什么不能够由导师或者由选手淘汰一部分观众呢?""造梦者"总策划焦涛华对《人物》回忆,"他说我们做一个反向的推论,比方说把观众分成四个区,也许有导师认为观点跟自己统一的区那就可以保留,如果真有发生争执的区域,那是不是能够给导师一些权力,能够把这部分观众换掉。"

焦涛华承认,他和同事第一次听到时觉得"匪夷所思"——这样的规则"逻辑上公平",但"在电视的这种操作流程里边,现在还不会出现这样的东西,或者是会让观众搞不懂"。

围绕姜文的争议逐渐变成曲高和寡的艺术家是否应该贴合大众,以及姜文到底算不算得上一个曲高和寡的艺术家。在看到有评论称"《一步之遥》与《让子弹飞》差了100个《非诚勿扰》"之后,曾经与其合作过的郭俊立感到愤怒,为什么要继续拍《让子弹飞》?"又不是为你活着,为什么要给你一个你满意的东西呢?"他说,"说姜文这个片子可能有点问题,或者说并不像他前4部电影一样,反正没有那么好吧,我们可以这么说。但是实际上我觉得这个事情我们应该是有公论的,只是就姜文纵向比较,就姜文本身的作品来比较的。其实不存在横向比较,我觉得横向比较根本就没法比,不用比。"

戴锦华对《一步之遥》的质量有所保留,但她也同时看到目前针对姜文的批评已经超出了电影本身,"中国人很难包容'异类'，尤其是才华横溢的'异类'"。

《一步之遥》上映后，姜文在媒体上一遍遍解释电影的内容，但对于票房失利、口碑滑坡以及自己昂贵的坚持，他仍无法直抒胸臆。在一次又一次的重复解释后，他对来访的媒体说，想给报道起个名字，"稻花香里说丰年，听取蛙声一片"。

近年来，姜武很少在媒体上谈起哥哥。《一步之遥》上映前，《人物》记者试图联系采访姜武，被拒绝。上映后，姜武同意了接受邮件采访，并在回复中写道："世界上不同的物种之间有无关联都是仁者见仁智者见智的东西。姜文只有一个，他只像他自己。"

冯唐

**在北京城
遛大毛怪**

告别时,冯唐拍了一张肉与刀的合影,
微博配文:"手艺人说,讲究和将就听上去很像,
但实在差得太远。做到讲究的第一步是,
在旁人看不到的时间和地点,不溜奸耍滑。"

和大毛怪和解

冯唐先生最近一次见到他的大毛怪，是在2013年3月21日，从深圳往昆明的飞机上。

这次，大毛怪是只食草动物，体形巨大，面相懒惰。它凑过来对着冯唐的耳朵直吹气："累了就歇歇。"于是冯唐累了，睡了，口水满脸流淌。

42岁的冯唐已经能轻易觉察到这只生物的存在。他管它叫"大毛怪"。只有他能看见它。"有时候大脑一瞬间空白，突然抽离出来，从旁边看着自己。这个人，在被什么驱动、被什么困扰、被什么控制，好像有自己的逻辑。大毛怪往往在这个时候出现。"对《人物》记者讲述这些时，冯唐坐直、前倾、声音压低，被一种透露秘密的兴奋感笼罩。

当一个巨大的懒惰和惯性起作用时，大毛怪是一头象，身体比屋子大，牢牢地挤压住冯唐。当冯唐为情爱纠结时，大毛怪是一条缠绕滑溜的龙，盘踞在他的床下和梦里。40岁生日那晚，冯唐半夜醒来，看见它变成了一头驴，倚在窗台边闷头抽烟。

"吃喝嫖赌抽，坑蒙拐骗偷，看见有个捷径就赶紧抄过去，大毛怪干的就是这些事儿。"冯唐努力杀了它30多年，没能如愿。今后只好相安无事，互相调戏。

"其实我始终有三个角色：冯唐、大毛怪，以及看着他俩较劲的写作者冯唐。看他怎么反抗、怎么挣扎，用文字记录下来。"冯唐人格一分裂，内心就肿胀，一肿胀就写字，写的字绕不开两个主题：自己，北京。如今，他养成了一套名叫"拉开距离"的观看方式——"用看众生的办法看自己这一个人。站在路灯、屋顶和月亮的角度打量世界。"这身体离地的功夫，来自一座叫北京的大城，那个最初豢养大毛怪的地方。

每个人的故乡，就这么方圆五里到十里地

2012年冬天，北京人冯唐带着大毛怪在北京城遛了一圈。大雪，大晴，往颐和园西堤、筒子河、角楼、景山、簋街去，还有陪他长大的垂杨柳。脚本里是一连串闪闪发光的老地方，他欣然应下一个知名汽车品牌的纪录片出演邀约。零片酬，因为这是个机会"记录自己的北京"。在"跑步上洗手间"的工作密度里，冯唐硬生生砍出两个周末。旅行全程被收录进摄像机，倒进电脑里，文件大小超过3300个G。

"这也许是近10年来拍到的最美好、最本质的北京。"冯唐站在颐和园西堤的冰面上，偶尔听到闷响从脚下传来，春天正向外翻滚。

纪录片拍至广渠门外垂杨柳，冯唐发现取景地离自己长大的小

楼，直线距离不到200米。对他来说，这种巧合富有意味。确切地说，冯唐的小宇宙在垂杨柳。"每个人的故乡，就这么方圆五里到十里地，不会超过。"他相信故乡是一个人在20岁之前至少待过五年十年的地方，你的审美、口味、三观被这个地方喂养而成。

高频率出现在冯唐小说里的垂杨柳，既没有多少杨树，也没有几棵柳树，有的多是榆树和槐树，树上挂满一种叫"吊死鬼"的绿肉虫子。中华人民共和国成立初，这里定位成北京重工业集中地，能造重炮、吉普、坦克，终日黑烟笼罩，有如蛮荒。无数小贩在街上摆着小摊，和大妈老婶两分一毛地争论价格，在秤上缺斤短两。他们的头发枝条零乱，指甲缝里长年有均匀浓重的黑泥，一尺长的西瓜刀在手上晃动。从空中往下看，垂杨柳的北边是铁路和现在的CBD；南边是农村和水塘，有鱼、蜻蜓、蝴蝶；西边是城里，骑车几分钟就到天坛；东边是化工业区，骑车几分钟鼻子里就有氨水味道。但不足50年北京就变成了一个张牙舞爪的大城。开了一个亚运会，一条东三环路由北向南穿过，挑起一个所谓中央商务区。写字楼、饭店、酒吧以及随之伴生的色情业在这里集中。

冯唐似乎是垂杨柳唯一的念书人，他的书一直胀到了屋顶。他读《逍遥游》和《游侠列传》，如痴如狂。一重教育来自书本，另一重来自窗外的江湖。赌博起贼性，奸情出人命。开出租车的蒋七拿西瓜刀挑了卖菜薛四的手筋，27楼的王老头在一个月黑风高之夜爬进了儿媳的被窝。多年以后，当他在美国念工商管理硕士的时候，摊开一个个哈佛案例，脸上闪过一丝微笑，案例里面的一切是如此熟悉和小儿科。他的血液里有老妈替他打下的精湛幼功，有三千卷经史和江湖。

在垂杨柳，冯唐第一次与大毛怪交手。高中时，他意识到美丑、男女。偶尔偷穿他哥的夹克衫,耳朵一直听到大毛怪高喊:"我今天穿了一件帅气的夹克衫。"在此之前,他"很少有差别之心,事物只有品类之分,没有贵贱之分"。在此之后,他发现,世界上的男生都喜欢个别好看的女生。"我开始为世界和平担心。"

垂杨柳消失了

许多年后,冯唐发现自己逃不开垂杨柳,就像杀不死大毛怪,两者都是他自己的一部分。他把自己和父母的房子都安置在这里。"你有没有发现有些医院、老人院,每个房间跟每个房间大不一样,那是把老人家熟悉的东西搬过去了,布置得像他小时候的环境。医学上很有效的一个治疗方式。人在自己熟悉的环境里,不容易痴呆。"

从冯唐家的落地窗往外看——高层楼盘间的空地,一半废墟,一半拆迁户,拾荒者漫无目的穿梭其中,像走过一座介于过去和未来的空城。

"有趣的是,连垂杨柳这个地名都快要消失了。清朝时候,这里是养鹿和养马的地方,过去有两个车站,名叫鹿圈和马圈。如今,垂杨柳只剩一条垂杨柳中街。名字是人创的,名字本身就是城市变化的缩影。"

冯唐预计为垂杨柳写一部长篇小说,50万字上下。目录已经设定好,"一年一节,六十节,一甲子。从1949年中华人民共和国成立写到2009年。每节有《经济学人》杂志的摘录,有《人民日报》

社论，有老妈的唠叨，有我的描述"——《经济学人》提供世界尺度，《人民日报》负责国内氛围，有蒙古血统的老妈是冯唐觉得这个世界上最神奇的女人，以及冯唐自己，既是参与者，也是观察者。

冯唐要用的笔法不是大一统，而是细节控，充分利用他那颗装满各种有用信息的奇迹般的大脑。"每十米每十米有什么，每半年每半年怎么变。什么时候添了个米店，什么时候起了个四层小楼。一个小地方的肌理，怎么在一段大时间里移形换位。"

冯唐清楚自己对细节有某种记忆天赋，能随时调出数据：每天走354步到垂杨柳中心小学上学，走354步回家吃饭；从垂杨柳中街一直走到垂杨柳南街的最东端看一场《哪吒闹海》，要走整整1003步，真是遥远。比如，某个下午阳光打在白杨树叶上的样子，声音沙沙响起，尘土飘起来，粉尘味，下雨了，沙子稍稍被安静下去一点点，土腥味泛上来。又或者，"那是一个夏天，我三四岁，邻居老奶奶老得快死了，她拿了把蒲扇，一直喊热，双乳下垂，下限低于肚脐"。以及记得漂亮的女人："那是一个春天，我十来岁，她洗了脸，头发拢到两边，左右两个细长的鬓角，一层层的黑，底下是一片皮肤的白。"

冯唐觉得写垂杨柳"无意义"。古时城池，一仗袭来，一夜消失。"只是不得不写这么一个东西"，他把目光停在窗外仅剩的几排小平房上，"不然都没了。这个事儿只能我来干"。

"拼了又怎么样？"

北京给冯唐带来的"肿胀"从未消退。

他反反复复写她。至今的5部长篇小说，前3部干脆合称"北京三部曲"，勾勒一个北京屁孩儿"从毛茸茸的状态，开始装x，死挺，成为社会中坚"。三部曲写完，他消化了积攒下来的21本日记和450封书信，把自己清空了。然后他开始写虚构历史。"北京是我的初恋、火星、根据地和精神故乡。'火星'意指非人间的光明和黑暗，这放在雾霾的今天，很适用。"

冯唐在30岁前几乎没有离开北京城。30岁之后，几乎没在一个城市连续待。30岁那一年视作分水岭，之前都属于"小时候"。第一次坐飞机，飞到了旧金山。和他一起出发的，有120斤重的行李、书，以及一口铁锅。老妈英明，国内30元一口锅，美国30美元一口。医学博士张海鹏弃医从商，美国两年，香港10年，从MBA变成麦肯锡全球董事合伙人，再进总资产近万亿的国内红筹公司做战略。

"离开北京那一天前，冯唐的人生就是垂杨柳河边的一棵柳树，稳定、踏实。之后，这个老实拘谨的小孩被一口气抛进生活的洪流里，成了一个居无定所的人。"冯唐好友、出版人路金波觉得冯唐与真实世界的距离感，首先来自他在地理位置的过分漂浮。"他习惯在饭局上描述长时间的变态飞行，一路飞成各大航空公司金卡会员。他经常产生幻觉，不知道自己在哪儿。"

今天，冯唐仍以每周3个城市的平均速度回到和离开北京。可是北京从没有离开过冯唐。偶尔在南方遇到风沙，他楼下的马路恍惚变成东三环，天边隐隐压来沙尘暴。"我无处可逃，就像孙悟空飞不出如来那双肥厚的手掌。"

香港很挤。走在每一条路上，冯唐都觉得自己走在王府井，二环以内。他看着眼前二三十层的瘦高楼，心想放在北京，会是只一层的大杂院和四合院，总有一两棵槐树、枣树、石榴、香椿、丁香或是半架葡萄，拧着挺着。在香港，仰起头，坚持久些，楼与楼之间的一线天上,会有老鹰飞过,冯唐觉得"像谁放的风筝"。

从北京到香港,大毛怪在冯唐身体里高速发育。"大毛怪总让你干些很傻×的事儿。一文不名的时候,名利心炙热。大学时,我给自己下死命令,一个月必须要看5本英文原版小说,不管喜不喜欢读,不管是不是要去玩耍。进入麦肯锡学习曲线陡峭,每周工作时间在80至100个小时,最疯狂时连续68小时没睡觉。周末得写东西,一天6000字。你被大毛怪训练出一种对抗懒惰的浑劲儿,'我就不信邪了,拼了又怎么样'。"冯唐悄无声息地坐在窗前,看看港大的山,摊开纸笔,沉浸在他一半是周遭、一半是北京的世界里。

"北京总会迫使你脱离开来。这里有太多你貌似熟悉,却总又陌生的东西。"比如天气时节。"大雪之后,你在颐和园西堤的冰湖上走动。夏天,那是你划船的表面。春天,一线桃花垂柳,两边大片的湖,水、水草、水鸟,觉得走着走着就能走到水里去。"

它的历史太悠久,太复杂,太混搭,这让他强烈怀念。"茶叶在茶壶里泡过,即使茶水被喝光了,茶叶被倒出来,茶气还是在的。北京是个大茶壶。太多有权的有钱的有性情的人像茶叶似的在北京这个大茶壶里泡过,即使权没了钱没了性情被耗没了,即使人死了,但是人气还在,仿佛茶气。"

有个美国知识分子说,北京最像纽约,上海太不像。在北京和纽约,一个人必须非主流才能入流(You have to be out to be in),在上海,这个人必须入流才能入流(You have to be in to be in)。

10年后,当冯唐再次真正回到北京,发现这座城比自己还多面:路多得让人无法预计了,从双井到三里屯,可能15分钟,可能60分钟,可能到第二天早上。

好在各路"非主流"人士还在。比如，艾未未那句"人不应该追求快乐生活，快乐就像糖，只是一种味道"也许会影响冯唐后半生。比如满头白发娶了80后的老诗人，没有工作，贷款买房，生了胖儿子。还有一位年过半百的老哥，这辈子决定不工作，与家人商量，过最简朴低成本的日子，读书写字构建神话，在酒局上吼一嗓子秦腔。"也是一辈子。""这种人在上海、香港根本活不下去。人们会觉得他脑子坏掉了。"冯唐相信，"这些人中，必定有一部分会在某种程度上不朽。"

好在过去的时间还在。"时间像水一样倒进北京这口大锅，从3000年前就开始煮。比如故宫角楼这种横跨几百年的建筑，有一种凛冽的美感。你需要做的，就是静静地去看它，在不同的天气、不同的时间，带着不同的心情去看它。这个城市早早让你明白，你不是世界，不是全部。"

写字是一门手艺活

纪录片的最后一个场景是吃。一众人钻进簋街的裕德孚老北京涮肉店。30平方米店面，只6张小桌，一座难求。老板于福生从17岁起学涮肉，名噪京城的鲜肉神刀手于德龙先生的传人，习得一手鲜切羊肉薄片的绝活，讲究食材应时应景，爱提醒客人食法食相。手法眼力顶峰时，于老板能四两肉切出47片涮肉。切的速度和弧度，直接影响肉的口感。

告别时，冯唐拍了一张肉与刀的合影，微博配文："手艺人说，讲究和将就听上去很像，但实在差得太远。做到讲究的第一步是，在旁人看不到的时间和地点，不溜奸耍滑。"

"写字也一样，就是个手艺活儿。你有没有尽心尽力。有没有用自己的小聪明欺骗自己和别人。有没有下足够的功夫。你是不是能常年做到这一点。有人用一把刀切一块肉，也有人可能用十万把刀去切一个城市，他无非是把讲究的心态用到了一个更大的尺度上。"

拍片子的间隙，冯唐在微信朋友圈发了一句话："不要忘记一个屌丝的初心。"自此，大毛怪已全然长成。"它变成一种巨大的惯性。你以前费心产生的，变成你现在要去抛弃的。比如，到底是要做更多俗事，还是急流勇退写三两本好小说。又想，可能你离开这些俗事，也写不好小说呢？"

"俗事"，是好友路金波认为塑造冯唐"抽离感"的另一大来源。"他的职业身份极其混搭，在各种领域均有建树。一是'冯院长'，医疗集团的首席执行官，在一线挑起事儿来，要建几十家连锁医院，做公共事业；二是'冯部长'，国企的幕僚和参谋；三是作家，很多时候，希望去安阳长住、写字。"冯唐交友甚广，在各个圈子都颇受欢迎，"各种饭局，冯唐总是抢着买单，爱喝酒"。

"最后一个抽离和困惑，来自酒。醒着的冯唐极冷静，是训练有素的企业家。喝醉的冯唐豪爽、轻浮、高谈阔论，称兄道弟。"路金波记得2012年底的一个小饭局，冯唐对初次见面的意大利朋友斩钉截铁地说："明年5月，罗马见，咱们Drink to death。""平时，他从不向陌生人轻易承诺什么。"

"这样一个冯唐，地理上动荡，身份上混搭，时醉时醒。他随时抽离，没有一个清晰、稳定的世界。就像一个在不停转圈的人，视角随时在变,看什么东西都是3D的。"路金波说。

老友陈晓卿熟悉冯唐平时的状态:"冯唐有大毛怪吗?我不觉得。他一直顺风顺水,内心强大。我没见他求过人。"

存在这样一种可能:追求极致的冯唐其实并不乐见大毛怪消失,有大毛怪的存在,对世俗的欲望和人性的缺点就有了一劳永逸的理由,与此同时,冯唐也可以更理直气壮地展示他在禅、诗意和文字上超人的优越感。两者互为犄角,形成张力,使那个原来叫作张海鹏的常人成为在两极都能获得成功的冯唐。

路金波觉得,最终写作才是冯唐的抓手和归宿。"不知自己身在哪里的世界、职业的世界、酒后的世界,这些极具荒芜感的、3D视野下的真假世界,靠冯唐未来的5个长篇来定义。"

30出头时,冯唐立下志向,"我欠老天10个长篇小说",战斗意识很强,说"用文字打败时间"。写作也不再是对抗大毛怪的手段,只是负责真实记录。2013年初,冯唐在美国歇了十几天,天天跑步,琢磨第六个长篇《河广》,写男女之事。行进到这第六个,开始怀疑自己是不是才气耗尽,遇到创作障碍,"再也不能像二三十岁时,忙完后丁零当啷一天写个五六千字"。又问自己,能不能忘记浮名,忘记技巧,不管大小好坏,只求写作会带来细小、真实的快乐?写完《不二》后发给朋友们看,柴静发回书评,引用了傅雷对张爱玲说过的话:"聪明机智如果变成一种习气,也会成为绊脚石。"冯唐仍然在享受写作,"细小真实的快乐是,笔自己会跑,然后狗一样回头,然后自己跑回来。"他觉得自己是口矿,还能再挖一挖。

路金波和冯唐聊过还未诞生的5个长篇。"他已经列好了10年的写作计划。写大的、重的、根本的问题。"一写《河广》——情欲到底是什么？二写垂杨柳——人属于哪个地方？还有关于物品、关于死亡，等等。

《人物》记者最后问冯唐："不再是用文字打败时间了，那么现在呢？"

"物尽其用吧。看看自己这块料，还能干点儿什么。你总不能被大毛怪带着，一路跑到深渊里去吧。"

韩寒

//

迭代

韩寒导演毫不客气地将自己过往的博客岁月称为"键盘侠"。"大家看着很愤世嫉俗,感觉非常的正义凛然,但归根结底,还是键盘侠的一种,只是一种高等键盘侠。"

习惯性憋大招

于梦和几个朋友在2010年年底突然被韩寒先生的电话从北京叫到上海，同去者都是电影工作者、韩寒的老朋友。韩寒声称，自己为他们准备了一个惊喜。

第一天半夜韩寒带他们去《独唱团》工作室打游戏。第二天下午又开车带他们去往老家亭林镇，有间老房子门口插了很多旗子，韩寒觉得插得不整齐，专门停车下来给拔了，重插一遍。

很难分辨是出于羞怯还是其他什么原因，韩寒对所谓的惊喜闭口不提。于梦回忆，"每天这么吃吃喝喝，也差不多了，惊喜没见着我们决定回北京了。"那天凌晨两点，韩寒带着他们回到自己的家。他敲了敲一间卧室的门，从里面抱出了一个熟睡着的小小的孩子给大家看，"看，这是我的惊喜"。

刚刚当上父亲的韩寒幸福地抱着女儿韩小野。然而这种温馨没持续多久，屋里的家人——于梦猜测可能是韩寒的妈妈——说道："大半夜的你别吓着孩子！"然后小野开始大哭，韩寒只能赶紧把孩子放回去。

事实上，以上所有都是真正惊喜的漫长前奏。韩寒领着朋友们去往摆着各式各样的头盔、奖杯的地下室——他的居心之所，他又磨磨蹭蹭瞎聊了一会儿，终于拿出一张纸，"我念一个东西给你们听"。他嘻嘻哈哈地念了半页，一个小故事的开头，那也正是韩寒即将于2014年7月上映的电影《后会无期》剧本的雏形。

这令于梦感到有些诧异。尽管此前春天在北京的一次见面中他已模糊感到韩寒对电影的兴趣，但当时韩寒的问题还停留在相当初级的阶段，"比如那个电影到底是多少人拍的呀，那个电影大概花多少钱之类的"。

仅仅过去了两个时令，韩寒显得成竹在胸，他在地下室里宣布电影将在明年（2011）年3月1号开机。而朋友们却觉得可信度极低，"因为以我们的经验，你现在只拿一张纸出来，就告诉我们说隔几个月就开机了，这个不太可能。我也知道他的性格，也基本上经常被他忽悠，所以就是说那你写个证据给我吧。"韩寒翻出了一本自己的小说《1988》，扉页上写，"明年3·1见"，郑重其事。

但现实没那么戏剧化。2011年3月1日他没能开机。"当初他没想成熟，没想成熟不是说做和不做电影，是故事没想成熟。其实他一直在想，在构思自己的故事，但是他，你知道韩寒是个很贪玩的人，超级贪玩的一个人。"《后会无期》的投资人兼制片人方励说。

最终，2013年5月，韩寒、路金波、方励三人彻底定下了这事，2014年2月开机，5月杀青，为了赶上当时的暑期档，韩寒只留下了不到两个月的后期制作时间，这是一个常常被认为并不充裕的数字。当时，韩寒所有的档期都被挤满了，《人物》杂志对其的采访在从头天夜里10点开始，一直持续到第二天凌晨4点，结束时，他看上去仍然精力充沛，笑嘻嘻地提着一个纸袋走出采访房间。他的下一个通告将在4个半小时后开始。

这并不是他第一次与镜头联结在一起。11年前，韩寒用3天时间拍过一个MV，路金波给了他30万赞助，他推测租一台机器找五六个人来也就拍完了，"但是现场怎么也有50个人，而且请了胡歌，他跟胡歌也熟，景都是他自己找的，包括悬崖，看着真吓人。他弄了一只鸵鸟，是从上海动物园租一只来的，早上9点接过来，晚上送回去就行了。结果刚拍完了鸵鸟的戏，韩寒仔细看了一下说这个够了，把鸵鸟现在就送回去别放在这儿，因为我们没有经验养这么一个动物，派他老婆开着奔驰把鸵鸟送回去。"路金波回忆。

这次拍电影让路金波再次感到韩寒想要控制每一个细节。一场戏里，韩寒远远看见有辆自行车后座反光，那自行车不是道具，只是前一天下雨所以上面盖了块塑料布。韩寒提出让工作人员把塑料布取下来。路金波评价："一个鸵鸟和塑料布，他容不得自己的画面里面有一丝不满意。"

绝大多数人并不知道韩寒怎样学习成为一个导演的。后来成为其导演助理的于梦说："我不知道他自己在家里是不是偷着看专业书籍之类的啊，反正据我所知，我周围的人没见他看过。"于梦带过几本书给他，韩寒有时翻两下，挑特别有意思的念一句，然后迅速地，注意力一转移，这茬就过了。

于梦回忆，韩寒唯一一次看书是在等待航拍准备的空闲时间，他百无聊赖，从航拍驾驶员那里翻到"掌握人际关系的什么制胜法宝""25条什么忠告"之类的书，"我看他看了将近半个小时，好认真，可能就是觉得太无聊了。"

当被《人物》记者问及学习过程，韩寒尝试着用段子带过。"那天特别逗的就是，我准备一本书，大意就是'编剧的100个技巧'，我们的摄影师也是手边不知道从哪儿买了一本盗版书，是《如何最简单地把镜头拍好看》。我们俩有一天互相到彼此房间看见了说,这要让外人看见了还能有信心吗?……但事实上我们本质上都是把这些当成特别好玩的一件事情看的,不是抱着学习的态度。"

但是他承认"没有什么东西是可以横空出世的。""这种信心的建立也是很痛苦的。""只是,我觉得展露学习过程本身其实是一种很奇怪的行为。"

"他是一个习惯性憋大招的人嘛,"曾经采访过韩寒、后来与其成为朋友的曾担任《南方周末》记者的陈鸣说,"就他会默默地花一两年时间做什么事情,然后拿出来吓死你们。"陈鸣以新概念大赛风头过后的韩寒为例,有一段时间里他消失在公众视野,寂寂无闻,事实上那时他在憋着努力把赛车开好。

永远要赢

剧组中的韩寒并不像一个毫无经验的新手。导演贾樟柯受韩寒之邀,前往西昌客串了一个角色。他在自己的工作室里告诉《人物》记者:"韩寒有一个很好的地方,他是作家出身的,但是他非常明白导演工作跟编剧工作的区别,他在现场反映出来全是导演工作的思维方法,不是一个编剧的思维方法。什么叫导演的思维方法?比如说对节奏时间感的控制,对视觉影像的控制这就是一个导演的思维方法。"

开拍之前,一些已经拍过多部电影的剧组前辈给韩寒提了些建议,剧组里很多人都是老江湖,导演一上来就得发发飙,把大家镇住,"一般导演都这么做"。还有人以一位去年拍出了高票房电影的新导演为例,有前辈此前支着,你一上来就应该把剧组吓住,结果新导演一开拍就连轴转拍了72小时,"把所有人都拍得没脾气了"。

但韩寒的表现截然相反。"每天只要一到片场就笑嘻嘻的,属于那种无害式的。"于梦说,他见到每个人都打招呼,"早啊",半夜开工也"早啊","见到每个人都是早啊早啊早啊"。

作家张冠仁参与组织了《后会无期》全过程的纪录片拍摄,他发现韩寒讲戏总是凑近演员小声说。现场出了差错,穿帮了,他也不跟人生气,先自我调侃一番,要不就拍拍"罪魁","哎呀,拖出去斩了。"所以剧组人私下里叫他"捅娄子关怀",意思是"你捅了娄子,不仅没事,他还会关怀你一下"。

与这种温和形成鲜明对比的是他对细节的令人吃惊的控制欲。虽然有剧本,但演员往往在开拍之前才能收到台词,韩寒会将台词发进一个名叫"影帝群"的微信群里,该群成员包括韩寒,男主角陈柏霖、冯绍峰。对此,韩寒说:"我不希望演员自己去改动台词,他们由着自己的性格,我知道个台词大意,我照着你的这个大意来说话,其实是不一样的。"

他并不是一个愿意出让话语权的导演。在路金波的描述里:"说韩寒很善于听取大家的意见那是假的,这个我绝对不相信,一个镜头往前推一米还是推半米一定是韩寒说了算,这个光到底亮度够不够,摄影师所有人都说够了,韩寒说等一等,他去上一个厕所也在那等一下他。对于片场目所能及的一切,不管是演员的妆好不好,还是光好不好,还是道具好不好,还是应该怎么拍,绝对是韩寒一个人说了算,不会向任何人学习,也不会听任何意见,他只是假装听听大家的意见。"

一方面,韩寒毫不讳言,这是骨子里就带着的对赢的欲望。

"一个"曾经的美术编辑何禾常和韩寒一起打牌,"如果说一对一他输了,接下去10局他就盯着你,就是一直盯着你,他会先把你干掉,然后再去干别人。我们今天是5∶4,他是4,我们是5,他会说,别走,还有两局。他根本不让你走,'啪'一声占住门,说你们今天走不了了。我们说,两点钟了,打不动了。他说我叫麦当劳,你们根本就是运气好,就是这样,你们必须要留下来。"

路金波跟韩寒玩过一次牌,"那时因为他不会玩牌,靠他老婆帮助最终当然他赢了,全程输960,最后一把赢了990,赢了30块特得意。"路金波说,"他就是永远要赢。不光是结果赢,嘴上更要赢。千万不要在嘴上占他便宜,他会给你耍赖,我觉得这是他的很重要的性格。"

韩寒在嘉里中心大厅里的一家茶餐厅接受《人物》记者第二次采访,助理特意为他找了角落里的位置,嘱咐他背对人群。这个下午,他表达了和第一次采访同样意思的话:"有些人的过程导向是懦弱,是为自己的失败找借口。我不喜欢这种过程导向,因为我听太多这种过程导向以后我产生一种排斥和逆反。对,就是我不注重结果,我只注重过程——不注重结果啊,你不注重结果你、你……我觉得这是一种推托和虚伪……比如说我输了就输了,比赛输了,好,结果输了,过程是还可以,但结果还是输了嘛。"

另一方面,在何禾看来,韩寒正在经历某种绝境,"这个绝境其实是叫作对受众的期待。你看,小四出了电影啊,对吧,你也得出电影啊……这两年全都是,如果谈到小四,他认为小四在自己运作自己产品上是成功的,所以他已经认识到这一点了,那么反过来讲,他当然希望具备这一点了"。

方励说:"就跟他说的,就是最好的时机你错过了。我说过他好多回。"方励记得，韩寒早已有了剧本构思，结果方韩大战出现，"我说你现在根本就不应该回应这些东西，把原来我们想拍的电影抓紧时间直接拍，拿电影直接回答别人。结果他又不着急，他本来完全可以在郭敬明之前，花很长时间把拍电影这件事干了。那是2011年给他讲的了。那时候根本就没有《小时代》。所以我说我觉得他是，因为他赛车太忙了，他每年这么多赛车，他的时间支离破碎，自己又贪玩……我觉得他受到了压力，压力是这个市场的成长。"

2014年6月25日晚，清华大学校内的一个会场里，广电总局组织了包括韩寒和郭敬明在内的10多个80后导演及个别70后导演做了场晚会，主题叫"2014中国电影新力量推介盛典"。在这场活动上，每个导演都作了一个演讲。韩寒的故事是，有个晚上他连续看了《真实的谎言》《终结者2》《生死时速》《侏罗纪公园》4部电影，觉得自己当不了导演了。后来看了很多烂片，他又觉得可以当导演了。对于中国电影市场来说，现在是最好的年代，"这是一个有了风，猪都可以飞起来的时代，可我不想做猪，因为风停了，猪就会摔死。我也不想做风，想做一棵树，永远地戳在那里"。

韩寒的电影当年是在郭敬明的《小时代3》一周之后上映。他解释暑期档是让投资方利益最大化的选择，"真的是没有去想到所谓的一决雌雄，我们的眼界心界不止于此"。

马一木是韩寒重要的合作伙伴，是《独唱团》和"一个"的前执行主编，他以电影为临界点划分韩寒的人生，前面是1.0，后面是2.0。何禾则将之称为韩寒产品的"迭代"。曾任《独唱团》视觉总监的周云哲说："我反正现在是这么来理解，现在有一个更原始的理解方式，就像生命一样，他自己会长，都是长出来，和社会的矛盾，自然会迸发出新的东西。"

一个至高荣誉

现在韩寒毫不客气地将自己过往的博客岁月称为"键盘侠"。"坐在家里面,写个一两千字,大家看着很愤世嫉俗,感觉非常的正义凛然,但归根结底,还是键盘侠的一种,只是一种高等键盘侠。"

在这次大的迭代之前,韩寒曾尝试过小的转轨:从写博客转向编杂志。

2005年开始在博客秀了两年生活,2007年韩寒开始对公共领域发声并赢得高关注度,2009年,巅峰状态的韩寒觉得是时候实现他的个人理想了。那时候韩寒对自己还没有这么用语刻薄,他只是有点厌倦了日复一日的重复。当杂志主编是他从小的"个人理想","就像女生都想开咖啡馆一样"。他给刚从《时尚先生》离职的马一木写了封邮件。

我要办一本文艺杂志。韩寒说。

什么样的文艺杂志,牛×吗?马一木问。

牛×。

怎么牛×?

一个字两块钱。

"就单这就够牛×了。"马一木说。

前《南方周末》记者陈鸣曾在韩寒的办公桌上看到过一本《对

话美国顶尖杂志总编》。韩寒抱持着必须胜利的决心。版式推翻了两遍之后，《独唱团》找到了一种反精美、故意为之的粗糙风格。"他的小说也非常的草莽。"周云哲认为这符合韩寒的特点。这种风格甚至延续到他们的招人中。几乎一半的原创文章每千字2000块，并且，"还设有最差观点和文笔的文章两篇到三篇，表示杂志完全不认同作者的观点，杂志认为作者脑残，反人类反常识反正义反自由，杂志也会发表此类并且示众。为了表示和这些人的形象的吻合，所以这类文章的稿费标准是250元/1000字，也是非常高的标准，250从来不是从天而降的，250的诞生也是有成本的"。

《独唱团》在2010年7月上市，但只此一响，第二期即因某些原因无法上市。这次夭折就像韩寒主动拥抱的一场修炼。"对于他们编辑来讲可能会难过，对于我来讲这个事情，我自己觉得它不是那么大的一个打击，我觉得这些我都扛得了，无论是经济上的损失或是别的。而且我希望更加乐观一些，因为这些事情垂头丧气，愁眉苦脸，甚至流眼泪什么的，那就证明很多时候你的高度也就仅限于此。"他总爱用赛车打比方，"你对待事业上的一些挫折，比如说赛车最后一圈车坏了，领先了两天，最后一圈车坏了、爆胎了，这太多了，当然谁都不高兴，但你要把这不高兴挂在脸上一年多，就是证明你就仅限于此了。"

韩寒对外宣布编辑部解散，但他的同事们却没有被遣散。那颗想赢的心或许可以解释这个决定，韩寒总觉得可以翻盘。在《独唱团》停刊到"一个"推出的一年半时间里，韩寒为员工们的休假式上班支付成本。他等待一个机会，原地满血复活。他们试着做了一些其他项目，均无下文。有段时间他们甚至计划组建一个乐队，还煞有介事地排练了一个月。这段时间里，印刷厂不断重印第一期《独唱团》，这本只出了创刊号的杂志最终卖了300万册，这笔钱足以养活他们。

300万册是什么概念？韩寒形容："就是你已经不能放广告了，就是你插广告你就会亏……一张广告的铜版纸是5分钱，你插广告的运营成本是15万。广告给不了你一页纸15万的。这是一本杂志其实很高的荣誉，就是说办到插广告要亏的这种程度。其实是它的一个至高荣誉。"

那时韩寒离30岁还有两年，很多人认为他的声望在当时到达了顶点。《独唱团》之后，韩寒从试图创造新的言论阵地退回监管力量稍弱的博客故土，他依然在博客上叱咤风云，但是杂文产量已在日渐减少直到非常之少。"因为我不愿意重复自己。"他对《人物》记者说。唯一重复的是赛车成绩。这一年他蝉联了年度"赛车领军人物"。"他不停地夺冠，对大众来说都有点审美疲劳了。"美编何禾说，"其实没人关心他夺冠，这个运动本来受众就不多，你老夺冠就好像这个冠军很好拿一样。"

在中国，这是一项有点寂寞的运动，韩寒请同事们去看他的比赛，他希望分享自己的成功。现场何禾才感到自己对这项运动的理解有些"肤浅"。"开车开得快嘛，对吧，没什么太多那个的。后来发现其实事情还蛮复杂的：我自己开车开到100多就发现有点慌了，对，人家是开到200多。"

到2011年夏天，《独唱团》小团队闲了一年，何禾已经有点扛不住了。他能感到韩寒也在急，他不停地找人打游戏。"他很清楚这一点，就是他自己的原因，导致这件事情没法继续了。他有一股能量发泄不出来。"但何禾觉得，他们只是韩寒诸多烦心事中的一件，也许都算不上最要紧的。他又举了个例子：好比说你家的猫快没猫粮了，这事有点急。但它是你今天很多事当中的一件事，优先级比较低，那么这件事情还是可以放一放的。

"我们就相当于那只猫。"何禾说。

转换赛道

一种变化在韩寒内心悄悄发生。如果按照某种简单化的逻辑，人们可以将2011年底的"韩三篇"视作韩寒变化的标志。

他似乎在进，因为批评的范畴更广，又似乎在退，因为很显然他在文中表现出了对社会复杂性的理解——当你开始理解复杂性，你的锐气通常也就走向消磨了。

这个从前的愤青被归类为保守派。"韩三篇其实他是改了，他是变了。当他更年轻的时候，一定是黑白分明的人，但是这个世界肯定不是黑白分明的，所以他现在在趋向于变得黑和白之间。"何禾说，"真的，挨打那是活该，因为他纵然有这么多的受众，但是很多人听他讲，并不是因为他真的有道理，而是他帮你发泄，所以说他误会了自己的受众。"

此前手握正确的意见领袖快感正在逐渐消失，"该赞美的人也都赞美过了，该得罪的人也都得罪过了。"韩寒说，"但这个高度我不想再继续攀升了。"

就在这时候，方舟子出现了，他指责韩寒有"代笔"。在过去许多年里，韩寒都展示着一种以全世界为敌的形象，但在马一木看来，"他是少年成名，一路非常顺，他的赛道里从来没有出现任何一个障碍物"。结果，韩三篇之后不到一个月，"方韩大战"发生，某种意义上说，韩寒被从赛道里撞飞了。

韩寒曾跟周云哲分析过,为什么大部分人都宁可闪避方舟子的攻击而自己却愿意迎上去。周云哲记得,韩寒说了句"蛮有韩老师风格的话","我发现我是村里面最壮的小伙子,就是觉得有这个责任"。

于梦感到韩寒曾有过一种错误的预判,他认为就像自己之前与高晓松、陆川笔战一样,"可能吵归吵,总有一天我们见面可能相逢一笑,他原来设置也是以为方舟子是这样的人……后来发现方舟子就属于那种不依不饶式的,你都没法……他那种乱拳打死老师傅的招数,你都总结不出来他是什么套路了,让人有点意外。"

那时何禾常看见韩寒一个人在公司里抱着电脑,不停地翻评论,看论坛。"其实简单来说也蛮简单,就是已经习惯这种攻击者了,突然变成被攻击者,体位变了。"在6月的一次饭局上,马一木说。何禾补充了一句:"对,体位变了,没试过,觉得有点怪"。

于梦记得,接下来很长一段时间里朋友们调侃他,争相与其合影帮他自证清白,因为方舟子批评他身高造假。除此以外,韩寒的状态是"安静""没反应",何禾说,"这真的是他第一次感觉自己掌控不了局面"。

一向爱惜羽毛的韩寒一下子被解构了,曾有媒体人评论过,这就像一个人在意气风发地发表演讲,突然有人在台下大喊,你牙缝里有片韭菜。

《独唱团》、韩三篇、方韩大战,那3年的各种经历共同证明,发声——包括写作、做杂志——变得成本过高。《后会无期》似乎成为韩寒的一种解决方案,他转换赛道,正如他曾经在博客里写的那样,"我会飞出你们的射程"。

面对《人物》记者时，韩寒的回答显得轻描淡写："如果一个人能那么轻易地被一些外在力量所改变的话，那本身这个人也太脆弱了。"但是，他承认有一点东西被改变了，那就是，这让他认识到自己过去"只是一种高等键盘侠"，而这件事之后，他做了那么多实质的东西，无论从家庭上、事业上、自我认知上，"你如果没有被疯狗咬过的话，你也不知道自己能跑那么快"。

2012年夏天，韩寒度过了30岁生日。此后两年，一年最多写一两篇杂文，谨言慎行，即使在言论汹汹的微博场域，也只是卖卖萌，后来因为贴出了拥有一双漂亮眼睛的女儿的照片，他获得了"国民岳父"的称号。

他在和这个时代的口味一起改变。他的朋友、作家、正在人大文学院当老师的张悦然回复《人物》记者的邮件里写道："有一些学生仍旧会读韩寒的文章。不过他们的感受肯定与当年那些和我们同龄的读者不一样。那些与我们同龄的读者，与韩寒一起成长……获得反抗的力量。现在的学生也许不会有那么深刻的感受了。相比于韩寒的书，也许他们更喜欢看韩寒的微博，以及韩寒微博的评论。"

韩寒这样对《人物》记者解释自己的变化，他说过去做的那些事情"可能浪费了我的才能以及时间"，"那些杂文会传播得很广，但是那又怎么样呢？一来这个社会并不是像你想象的那样，当然你也可以非常骄傲地说，社会变得越来越好，我也有一份功劳，但事实上真的是这样吗？……结果有大把的特别青春的时光，你没有去更加好地创造一些事情，沉浸在没有尽头的这些事务中"。

一个无奈之选

张悦然将韩寒描述为"几乎是我见过变化最小的人","他身上有一种朴素而真诚的东西,是很恒固的品质,这些年未曾改变,纵然承受过很大的非议,经历过声名的起落……当然还有他的任性,像个长不大的男孩。2007年,我和他以及另外十来个作家一起去过澳大利亚,很多个晚上大家一起玩杀人游戏,非常开心。他玩游戏的时候非常投入,有很强的表现欲,还不时会冒出一些打破规则的新点子,希望大家都按他说的执行。那时候,你会觉得他就是一个任性的小男孩"。

但是,于梦形容他"更放松了","他改变了一些想去跟这个世界表达的方式了,就不再说是去对某个人,或者对某个事情具体地再去抗争,去怎么样了"。

韩寒也和所有人一起走进了移动互联的时代,在这样的时代空气中,似乎每一个有点志向的年轻人都在被创业的焦虑包围。而韩寒身边也充满了这样的年轻人。

2012年夏天,还留在小团队里的人折腾一年后做出了"ONE·一个",由韩寒任主编,每天推出一个图片、一个文章、一个问题、一个东西。这个产品曾经部分承继过韩寒在《独唱团》中试图传达的精神。马一木记得,上线第二天发布的文章名为《雷锋和好心的撒玛利亚人》,作者是一位其时62岁的美国英文系教授。"实际上前两个月完全是沿袭《独唱团》的风格,都是还蛮深、蛮厚的稿件。"

但随之而来的数据证明那些富于野心的稿件并不适合手机阅读，此后，"一个"的风格偏于明快轻巧文艺。现在"一个"的业绩是2000万装机，日活跃读者100万以上。

"ONE更多是读者对于年轻人的原创的一个小平台吧，《独唱团》更多的是承载一个个人的理想。"如今，韩寒这样比较两个产品。

"所以ONE不能承载你的个人理想吗？"《人物》记者问他。

"我有很多个人理想，我的电影承载个人理想，出版承载个人理想，不一定所有的事情都要承担个人理想。"韩寒说，"它其实是一个无奈之选吧，它只能走电子层面。"

不过韩寒在"一个"上还是表现出了自己的某些坚持。当时的执行主编马一木并不满足于"一个"仅仅是电子杂志，他反复跟韩寒说产品要有些变化，"你的一只脚已经跨进互联网了，你看Instagram、陌陌，2012年是社交年，在那样的大环境下你当然也希望ONE能做成一个社交阅读应用了，你需要融资"。

"一旦控制权被稀释，万一产品去了别的方向，他担心形象受损也是可以理解的。"一位前《独唱团》成员这样理解韩寒对融资的谨慎。"这个时代是模式大于内容的，改变人的生活方式的都是模式。但对于一个内容发布者来说，他更关心内容。个人英雄主义就是这样，他只关注自己的。"何禾说。

在那场关于是否融资的胶着中，每次开会，韩寒依然嘻嘻哈哈给大家讲段子。这并不能化解矛盾本身，而且团队的压力似乎激起了韩寒某种本能的反弹。他说，希望任何的决定，都不是被群体的意见所绑架后的一种决定。

"反绑架"可能是理解韩寒的一个关键词。他曾慢慢停止杂文写作,是为了从读者的某种期待的绑架中解脱,现在他也不愿被小伙伴们绑架。他说他对商业规则的了解一定远超小伙伴们的想象。"真的,很多事情不是想象中那么简单。我觉得,很多文化工作者可能会对商业世界的一些规则,商业世界的一些残酷,一知半解吧,把一些事情想得太过美好。"

《独唱团》曾经设在上海市郊的办公室,像个远离现代生活的隐喻。一家财经类媒体曾前去探访并描述:"阳台外是一小片花园,由于疏于修剪,草长得几乎有半人高了,草丛里卧着几只晒太阳的野猫。""客厅墙壁上,留着韩寒的涂鸦:'任何年份,5月1日之前不准关地暖,备十套睡衣!放在每一个能看见的地方!'据说这是因为韩寒在这里喜欢赤脚"。

韩寒是一个车手,但是"特别讨厌在街上开车,堵车"。他每次开两个小时车过去,"到那都快没体力了。"回程也是如此。他说选择浦东是为了照顾员工,两三个员工住那边,"我想我有车嘛,我自己开过去好了。"

关于"一个"上班时间的问题,韩寒纠结了整整一年。他受不了每人一个格子间,每天朝九晚五。从《独唱团》到"一个"创立早期的3年多时间里,员工们每周只需要上一天班——更确切地说是两个小时——下午2点到4点。其余时间用微信沟通。

"一个"的执行主编、作家小饭和马一木当时对此有些不满,小饭说,"其实就是这个项目,我负责得很吃力,因为我们这是个严格的产品,10点钟必须上线,那时候是12点,12点必须上线,一天不上就是生产事故,那我基本上找不到人,这个人今天没上版面,版面上很多错别字,版面出错,位置出错,我找不到人,我打不通电话，我都得自己干，那不是很累吗？"

别扭了一年后，"一个"团队从郊区搬进市区，韩寒将团队成员的坐班时间定为工作日下午1点到6点。

几个月前，马一木决定离开韩寒，创立他的短视频项目"短裤"，他提出视频创作者的商业回报将至少是五成。就像韩寒告诉他自己要办《独唱团》时那样，他们也进行了一段简短的对话。马一木对韩寒说，他想做短视频。

多短？韩寒问。

一分钟。

有什么特点？

酷。

还有呢？

想让好多有才华的人都来创作这一分钟。

韩寒爽快地给了前下属马一木启动资金。与马一木一同离开的还有周云哲、何禾。韩寒希望他的小伙伴们过得好，就像当初做《独唱团》的时候他的设想是让他们在几年后开上大奔。韩寒对马一木的项目一直保持关注。何禾的女友在韩寒的电影剧组工作。她告诉何禾，韩寒为转发"短裤"的视频盯着屏幕看了很久，想该用什么句子来转发。

"其实看好不看好，主要还是投入啊。"韩寒说，他表示自己并不想做一个投资者，"真的不是说这项目真多么好。我也不适合投资这方面的事情。我只希望他们会因为在这里工作过而获得更多的一些便利。因为我知道在很多职业生涯的起步，真的只差有人在外面给你推一把，我知道其实那一把蛮重要。"

"以他的性格很难有这种商业意识。他的关注点不会在简单的商业上，他更关注自己可不可以有条件玩出自己想要的东西。"韩寒多年的朋友、《中国新闻周刊》执行主编蔡崇达说，"事实上他不太关心如何经营自己……他是想为朋友负责任……他总过不了朋友这一关，这也是他可爱的地方。"

我害怕一样东西就会去研究一样东西

韩寒还坚持着一些固有的习惯，拍戏时他最喜欢穿两件衣服，一件咸菜色棉袄，一条屁股上破了两个洞的裤子，剧组成员每天都拍那两个洞，只是韩寒自己不知道，还一直穿一直穿。

2014年6月19日，他出现在电影推介会在清华举办的盛大现场，一身装扮不比片场讲究多少，至少当天他没洗头，稀疏的胡子也没有修理。强光打在韩寒藏青色的衬衫上，使他看起来像刚从汽车驶过后的一团灰尘里走了出来。

他的放松也可以被视为另一种刻意为之。这样的心态曾让他的朋友、出版人路金波焦虑不已。"他是一个主意很大的人，你跟他说什么都没用，我跟他讨论过两年小说，我发现他面对如此铁证如山的错误根本不会改的，他的小说可以把人写着写着写没了。我还送他经典教科书，小说一定要塑造人物，不管是古典小说现在的小说，故事有的时候怎么样，你一定要塑造人物，他说我觉得小说不用塑造人物，只要有情怀就好了。"路金波略带调侃地微笑了一下。

值得投资人庆幸的是，某种程度上讲，韩寒最终将制作一部不那么非要背道而驰的影片。方励说："慢慢地你发现他找到了方法，一开始他没有接受，慢慢他可能会意识到你们说的是对的。"

路金波当时对《后会无期》票房预期的底线是《小时代3》，他觉得韩寒也许比自己更乐观。与两年前接受《人物》杂志采访时不同，坐在嘉里酒店房间里的皮沙发上，韩寒会主动谈起"产品""商业逻辑"，这是以前他不大会使用的词汇。

按路金波的说法，韩寒过去也是"著名的影评人"，"后来就不写影评，其实为了积攒人脉，所以为什么跟赵薇、邓超关系都挺好的。交一些朋友，他是为了跟人家学"。他的"一个"也很成功，刚出现时在互联网圈子里就反响不错，何禾评价，"互联网圈内人士，他们是没想到你竟然开始做一些新时代的，就是细分了，你竟然跟国外一样潮。他们想，韩寒你这么老土的一个人"。

家庭生活给韩寒带来了某种变化，他第一次意识到钱是很重要的——路金波这样解释，以前韩寒住在城乡结合部一间很普通的公寓里，价值200万，相当于上海的五环。他没有太多爱好，消费基本都在车上，一年买三辆车，买了以后还会卖掉，每辆车大概浪费50万，一年换3辆也就150万。他那时年收入300万，日子过得舒舒服服。

"现在是有老婆，有孩子，有保姆，有岳母，有自己的娘，都住在一起。你有了孩子以后那时候不想曝光，你去小区怎么遛弯？你也不能成天搁在屋里，这个时候需要一个比较大的别墅。"路金波说，"他不止一次说过，我的理想是一年挣500万。"

但现实对韩寒的改变是有限的，他仍然不能成为一个完美的商业天才。"其实最早他有点高估了自己的能力，"《后会无期》剧本策划魏君子说，"因为毕竟第一次做这么大的团队。拍摄期刚开始算好的时候，他还给自己排了赛车的时间。他不知道走掉这3天这个剧组的成本。"

方励也直言韩寒"准备得不够"。"这不是他原来想象的身边几个人就可以做完。周期只有这么多，演员档期这么有限，人员有限，最要命就是时间不等人，还有天气，所有都是约束。"《后会无期》除宣传发行外的成本是5000多万。"如果说我换个熟悉的导演我能少花1000万，"方励说，"但也是因为多花了1000万出来不一样的东西，因为他的创作灵感很多，这就是因祸得福。"

韩寒总有一些藐视规律，电影依然如此，从剧本开始就有，"有时候我说韩寒你反戏剧规律"，已经进入电影行业多年的方励说，"你压不动他，压他也没有用，我们几个人我深知用了路金波跟我做帮凶，全体轰炸来砍他几个故事点，表面上答应，后面口是心非，绝对口是心非。"

电影《后会无期》官方海报

不能因此就判定韩寒反感商业。出道多年后他毫不怀疑自己能够再一次赢得受众，"我觉得正好是我自己的不顾市场的一种表达，恰恰赢得了一部分受众的喜欢，它可以让我更加去不顾市场地表达……7月21号的时候会做首映，当你看完以后，你会发现它对所谓商业化的零迎合……因为我不需要迎合那些观众，我来这里是拍电影的，不是来拍马屁的，我既不是来拍发行方、投资方马屁，我也不是来拍观众马屁。但我也不会说观众不喜欢什么，我非得要来什么，跟你们死活就对着干，或者说特别的曲高和寡，像我刚才说的一支烟点3分钟所谓的起范儿。因为我有我自己的基础审美，我相信在我基础审美下做出来的东西不会不好看，只是说它没有当今想象之下的那些商业元素的存在。"

总之，拍电影让韩寒活过来了，马一木说："拍片现场蛮意气风发的，之前是洗澡都不唱歌了，就可能是，不想说是因为方舟子的影响，肯定是某一段时间。"

电影推介会上，来自舞台中央的强光粗鲁地射向观众的眼睛，震耳欲聋的声效营造出一种危险的失控感。韩寒和其他导演坐在观众席第一排，观众里的男生们高呼"岳父"，女生们也这么喊，而且她们的声音更大。80后的导演们悉数登场，在电影界他们是新生力量，但年龄上却已近而立之年。

当主持人介绍道"他是一个男人，他是一个作家……"观众用他们的尖叫表明他们已经意会到韩寒即将出场。他获得了全场最热烈的掌声，事后他有些羞赧地承认，在遥远的舞台上还能听到欢呼那说明欢呼声的确很大。跟他的同行们一样，韩寒的发言也很流畅——为了背好这段演讲稿，他特意把活动前本应安排给《人物》杂志的两小时采访挪到了第二天。但看得出他并不太愿意顺着观众，因为在金句与金句之间，他等不及给观众鼓掌的缝隙，他好像着急把准备好的话一口气讲完。其中一句当时是说给空气中此起彼伏的"岳父"喊声，"放心，小野是不会嫁给你的"。

很难判断这是不是一个更优版本的韩寒。小饭抱着怀疑的态度，"你说缺好导演吗？也缺。但是韩寒他更多的价值不在这里。他的转变是被动的，我相信不是他理想中的状态。他在公共批评那个领域我认为他已经做到极致了，但是他放弃了他无人可以替代的地位他去做电影了，他有一些妥协。"小饭说，"可能我是宁可喜欢2010年那个时候的韩寒。"

现在，以批评著称、扫射名单辉煌的韩寒，不肯对《人物》记者谈及自己对其他导演的感受。"以前我不做这个事情，我可以，OK，对谁都'哒哒哒哒'，我现在做这个事情了，那我就专注于我做的事情，在自己没有做出成就之前，我不去评价他人。"

即使在马航事件中，他也"根本就不想掺和这个热闹"，他厌倦微博上很多人充当福尔摩斯，急于夺人眼球，关于飞行器的错误信息充斥。而他其实对飞行器颇有了解，他惧怕坐飞机，"我害怕一样东西就会去研究一样东西"。

这个时候他突然跑题，讲起唯一的一次欧洲旅行，"看着各种各样的建筑、教堂，我内心没有引起过一丝的情感。唯独我在戴高乐机场的一个角落里面看到了一架协和飞机的时候，我特别感动。"

协和飞机于1969年诞生，1976年投入商业飞行，它能以2.02倍音速在高空飞行，这样从欧洲到纽约的航程只需3个半小时，再算上时差，正如那些购买昂贵机票的乘客喜欢的口号一样，"在出发之前到达"。但它并不是最讲究商业成本的机型。2000年，一架协和客机起飞时碾过了另一架飞机脱落的小铁条爆胎，碎胎片在空中割破油箱，导致飞机爆炸坠毁，这次事故令公众失去了对协和飞机的信心，3年后，它们全部退役。

"那一架协和飞机就矗立在，静静地矗立在机场的一个角落，做着昂首起飞的姿势，但是它却被牢牢固定在了地面上。其实那一刻我是特别地悲伤跟伤感的。"韩寒说。

在深夜的北京，协和飞机令韩寒陷入长达10分钟的滔滔不绝，他同意，在这架伟大而失败的飞机身上他有些自我投射。然后再一次像他常常做的那样，他决定解构这种突如其来的感动，他笑了笑，"操，我说到这儿都忘了问题是什么了。"

窦文涛

山上方七日，
世上已千年

《锵锵三人行》一录18年
窦文涛陶醉在自己的小世界里
直到最近方才醒觉
山中方七日，世上已千年

山中方七日啊，世上已千年

2017年是窦文涛先生的本命年，一位朋友帮他在香港黄大仙祠求了一个事业签，中的签是"王质遇仙"。这是一个民间传说：晋时一位名叫王质的樵夫上山砍柴，遇山洞里两老翁下棋，便在一旁观战。看了一会儿，老翁提醒他该回去了，王质才发现自己的斧柄已经朽烂，待回到家，村里已经没有一个认识的人了。原来一局棋未完，世间已过了千年。

窦文涛起初不解其意，后来自己琢磨，越琢磨越觉得这注签很有意思，他的确就是那个遇仙的王质。1998年3月，他走进香港凤凰卫视的录影棚里第一次录《锵锵三人行》，转眼间已过去18个年头。他每周很规律地去公司录像，录完就走，虽然每天都有新的话题，但就像在石家庄水泵厂做了一辈子工程师，只是低头干活的父亲一样，那是一种缺少变化日复一日的上班族生活。

这18年来，窦文涛的生活似乎没什么太大变化，他在自己的小世界中自得其乐，陶醉在"与时间无关的东西里"。"山中方七日啊，世上已千年"——他说樵夫的故事准确地讲出了他最近几年的一个"很强烈的感觉"。

2015年12月9日,北京的又一个雾霾天,一群人从凤凰国际传媒中心大楼的一间狭小的化妆间里鱼贯而出,窦文涛走在他们中间,神采奕奕,像是一个即将出征的战士,似乎随时做好了谈笑风生的准备。这是他即将切换到荧屏模式之前的时刻。在荧屏里,他将成为那个观众熟知的窦文涛,插科打诨,调情说笑,一副"混不吝"的形象。

这一集节目的嘉宾除了老面孔梁文道外,还有"新人"王福重。这位比窦文涛大两岁的经济学家开玩笑说:"我是看着你们节目长大的"。时间回到节目开播之初,1998年4月,那还是互联网时代的前夜,中国荧屏上常见的仍是字正腔圆、总想着教育观众的面孔,《锵锵三人行》开创性地将生活中的朋友闲聊搬上电视荧屏,谈风花雪月,讲尺度不小的黄段子,以调侃的口吻谈论热点话题,新意前所未有。

曾担任《锵锵三人行》主编的邹倚天记得,在北京,混88号(即位于工体北路88号的Club Vogue,2000年前后北京一个著名的文艺圈据点)的人都爱看《锵锵三人行》,因为,"终于有一个节目不装了"。《新周刊》在《锵锵三人行》10周年的时候推出了关于这档节目的封面报道,并评价窦文涛对中国电视的贡献是,"他让中国电视开始说'人话'"。

窦文涛穿过几十米的走廊,拐进了左边的录影棚。空旷的棚里,除了伸着长手臂的摄像机和天花板上吊着的一盏盏LED灯,只有一张铺着几张报纸,放着三罐赞助商品牌饮料和三个杯子的圆桌,以及围放的三把椅子。

出现在监视器里的他们身处一幢奢华的海景房里,背后是旋转楼梯,摆着硬装书的书架和落地窗外绚丽的夜景——但那不过是电脑特效,在现场,你能看到的只有光秃秃的绿幕。时代风云变幻,同一时期诞生的电视节目大多已不复存在,但这档聊天节目仍每个工作日准时与观众见面，三个杯子，三把椅子，三个人，海阔天空地聊，像遇仙的山中洞穴，18年前如此，18年后复如此。

让窦文涛从山上的棋局中回过神来的是4年前母亲的第一次中风。进ICU，以一天几千块的速度划账单。想到父母，想到自己将来的养老，经济上强烈的不安全感骤然袭来，现实将他从个人的小世界拉到了外面的大世界。最近几年，他开始更频繁地"出去挣点钱"：做时下热门选秀节目的评委、导师；帮地方卫视主持为期一个季度的节目；制作自己的首档网络视频脱口秀节目。

"你现在这个岁数，很容易产生一种想法——你还能挣几年的钱？你不趁着这个时间使劲挣点钱，将来你干不动了，或者说你干得动，但你早过气了，人家不找你了，你不值这个钱了，那你怎么办呢？"与电视上那个插科打诨的窦文涛截然不同，《人物》记者面前的窦文涛是个散发着某种忧郁气质的诚恳绅士，说每一句话都像对老友倾诉衷肠。

说话间，咖啡馆落地窗外天色渐渐暗下来。"你以为你才过了几年，可是你一到外面的世界看一看啊，你就觉得好像这人世间已经过了多少寒暑，几度轮回。你觉得老的规则、老的游戏都不存在了，就是不再是你熟悉的游戏，也不再是你熟悉的游戏规则，人们做人处事的方式似乎都不一样了。"窦文涛说，"年轻人也越来越……怎么说呢，有了他们一些新的做法，新的做派。这一切都让你觉得新鲜。"

机心

窦文涛人生中的棋局，最为人们所知的是《锵锵三人行》，他在同一个节目的同一个位置上坐了18年。他的"凤凰发小"陈鲁豫觉得，在如今这个时代，8年一直做一件事已经特牛了，18年一直做一件事简直称得上行为艺术。

节目播出的头几年，窦文涛的确像是在搞行为艺术。他人在香港，录的节目却是面向内地观众。其时凤凰落地有限，观众的反馈渠道只有书信，境内外邮费还挺贵，身在香港的他处于"真空状态"，观众来信也看不到几封，头脑中完全没有观众的概念——有多少人在看？他们是谁？全都不知道，就在那里随心所欲地聊。

在其时刚刚创办两年的凤凰卫视，《锵锵三人行》最初的定位是严肃的时事评论节目，主持人采访两名固定嘉宾。一个几乎无解的难题是：既然嘉宾要固定，但没有一个专家是万能的，这个节目怎么聊得下去？

窦文涛某天凌晨突然开了窍：朋友之间为什么在生活里可以一直聊下去？那就像朋友闲聊一样录节目好了——这个在现在看来稀松平常的想法在当时的中国电视界不可谓不新鲜。第一期节目中午播出的时候，董事局主席刘长乐兴奋地跑到当初举荐窦文涛进凤凰的一位副总裁的办公室，说，没想到，文涛是大才。多年之后，刘长乐说，文涛实际上违背了我们的初衷，他做成的不是我们当初设想的，可是那更好。

既然模仿生活，那时饭桌上流行讲黄段子，他也在节目里讲黄段子。天津一位报社主编见到他的第一句话是："你好，文涛，天下第一黄。"两三年之后的某一天，窦文涛终于意识到自己的节目是有观众的。

"你知道有观众的时候，你的负担就开始了，因为那个时候变成你不是在为自己说了，你开始想他们喜不喜欢听啊，人家反应好你就高兴，人家批评你，你就挫败，然后你心里又觉得怎么样才能让他们满意呢？"窦文涛回忆。

2000年之后，某位曾经的央视《新闻调查》执行制片人加盟凤凰台，后来做到副台长。当时这位领导总是利用各种机会向窦文涛灌输他的理念。他拉着窦文涛说："文涛，传媒乃公器，你应该为人民说话。""文涛，位卑未敢忘忧国啊。"他给窦文涛推荐许多公众话题，完了还鼓动："你看，这样的节目老百姓爱不爱看？！你爸你妈爱不爱看？！都是为他们说话的。"

领导的推动和当时相对宽松的舆论环境促使《锵锵三人行》开始从最初的风花雪月向讲抗战老兵一类的忧国忧民转型。2003年，窦文涛开始同时主持另一档法制节目《文涛拍案》，以说书的方式演说包括孙志刚案在内的大案要案。这些沉重而充满社会责任感的节目赢得了观众的喝彩。

《锵锵三人行》现任主编毕蜂第一次认识窦文涛是在2004年，那时还在读硕士的她和师姐一起到深圳采访窦文涛。采访中，窦文涛和面前的两位女学生谈起领导带给自己的转变。他说，他这个人一直活在自己的小世界里，不太关心世界上发生了什么，过去从来没有见过那么有情怀的领导，所以他的节目要从没心没肺向有一定的社会责任感转变。窦文涛一直讲一直讲，一个人讲了一两个小时。采访完，师姐问毕蜂："你觉得文涛说得怎么样？"她说："我怎么觉得有一种感动得想流眼泪的感觉呢。"

那几年，他几乎全年无休。每周一、二、三做《锵锵三人行》，四、五、六做《文涛拍案》。每周两个晚上通宵不睡觉。

陈鲁豫向《人物》回忆，时长只有半个小时的节目，他常常要从早上录到午夜。啪，一拍，然后嘚吧嘚吧嘚吧。跑出去看录像。

再来一遍。啪，一拍，嘚吧嘚吧嘚吧。跑出去看录像。再来一遍。啪，一拍，嘚吧嘚吧嘚吧……到了最后，棚里所有的人都睡着了。他一个人在那里跑进跑出，继续，啪，一拍，嘚吧嘚吧嘚吧。陈鲁豫说："我们说像神经病似的，那个场面你看着你会觉得特别逗，只有他自己跟自己较劲在那个地方。"

窦文涛回忆："我记得那时候总是工作到快天亮的时候，我一个人开着车回家。有一次深圳下大暴雨，我就开着我那个吉普车，两眼通红，车两边就像军舰两边的浪一样，'哗哗'着，我像开着巡洋舰劈波斩浪往前走。那个时候看着远方的天啊，都是鱼肚白了，快天亮了，我心里就是四个字：了无生趣，了无生趣。"

尽管《文涛拍案》收视率总是保持在凤凰卫视前三名，但他实在不喜欢，就给领导写信请辞，最终三辞三做，2011年彻底停播。在他不想做的时候，台里的领导总是说，我们没要求你那么认真，观众也没要求你那么做，你照着写好的稿子念就行了，而且录第一遍和第六遍也没什么区别。但窦文涛完美主义强迫症的性格让他做不到照着稿子念，也做不到不较劲，所以只有放弃。

这种性格可能遗传自他的父亲。父亲挂一个相框可以挂一个小时，先拿铅笔标出钉子的位置，然后让窦文涛拿着指头在那儿捅着，父亲反复地端详，再高一点，再低一点。拧螺丝，反复地拧，有时最后能给拧劈了。有一天窦文涛翻自己中学时的日记，里面有一句话写道："哥哥告诉我，'做任何一件事都要像对待一件艺术品一样'。"多年后，他在一场讲座中笑言所有的悲剧都因为这句话的影响。

在领导力推的节目向忧国忧民转型中，窦文涛也发现了一个问题，自己做节目的乐趣完全没有了。"这不是你灵魂里出来的东西，简单粗暴地指点江山为民请命也有点心虚，甚至我认为你并不了解全部事实，因为中国的问题是复杂的，不是说那么振臂一呼，你就客观公正，对吧？"窦文涛说，那几年节目里的聊天变得越来越闷，最后他和节目"离了心了"。

节目重回本心后，窦文涛如今把当初的那段经历看作是一个涉世未深的男孩逐步被社会化的过程，他发现了里面的"机心"："如果你不是个忧国忧民之士，你以为靠着忧国忧民能够让你讨好观众，这本身就是一种机心，虚伪诐曲之心。"

山中另有棋局

窦文涛的山中另有棋局，那是他工作之外的私人世界。对于工作，他信奉的是香港人的打工仔哲学："一个事，即便我跟你说我多爱它，我多享受它，可是你要是老板，你也甭以为这就能当真，我有一个基本点我是为了工资才来的"。

在形容个人生活与他广为人知的职业身份时他这样形容，"这个节目呢，也是我跟社会之间的一个窗口，是我跟公众唯一的交涉，唯一的关系，可是实际上我业余时间99%是我的个人生活啊，我的个人生活在心里更重啊……因为别人只是在这个节目认识我，你以为这个节目就是我的全部，所以就误以为他18年一直在做这一件事，这个东西对他一定无比重要。"

其实他真正喜欢的是生活，色、声、香、味、触，看好看的，听好听的……每次录完节目，他总是迫不及待地回到自己的世界里。有时录完节目去见朋友，朋友问他，你们今天在节目里聊了什么？他常常一点儿也记不起来。

在梁文道的眼中，窦文涛骨子里是晚明江南文人的性格。他有一个很小的朋友圈子，都是些比他大5到10岁的艺术家、收藏家，这些朋友也都是晚明文人的派头，没事坐在一起喝喝茶，看看画，赏玩赏玩新得的石头、古家具、青铜器。

《锵锵三人行》的另一位老嘉宾孟广美说，窦文涛有一个老灵魂。"老灵魂"喜欢古意的东西。几个月前，窦文涛托朋友以5万多元的起拍价拍下了一个青铜爵杯。特开心，没事儿就拿出来看，浮想联翩，想着它跨越3000年到了自己手上，想着它曾经的主人或许是某个立下战功的将军或某个受到皇帝封赏的贵族。

"你看五四的那些学者，包括鲁迅，他不在外边扔'匕首与投枪'的时候，他在干什么呢，他叫'扒故纸堆'的乐趣，我觉得真有，而且我觉得这种乐趣真是能腐化人。现在我能理解，比如像陈寅恪他们那些人，包括鲁迅，不干预社会的时候，就弄几个古碑研究，或者研究中国小说史。我现在就发现，要不你就进不去，如果你进去了，这个故纸堆能把你葬在里边的。"窦文涛说。

因为故纸堆里有知识的海洋，无穷无尽。有一段时间，窦文涛在一门心思地琢磨一个问题。中国五代时期有个画家董源，他有三张画在中国内地的博物馆里，《夏景山口待渡图》、《潇湘图》和《夏山图》。后来纽约有个收藏家买了一幅画，叫《溪岸图》，捐给了纽约大都会博物馆。这个《溪岸图》据说是张大千拿一张藏画跟徐悲鸿换的，几十年后又卖给了纽约的一个著名的收藏家，叫王季迁。然后有个人从他手里又买来，捐给大都会博物馆。著名汉学家高居翰在报上发了一篇文章，说这张画是张大千作的假，几十年的一个骗局。学界为此开了一个国际会议，各方各派都来论争。

中国现在的主流意见认为这幅画是真的，反而出现了一个观点说，《溪岸图》才是董源留下的唯一真品，内地那三幅不是董源真迹。窦文涛花了很大的工夫琢磨这个问题：《溪岸图》到底是不是真董源？那三张又是怎么回事？

有次他和梁文道聊天讲起这事儿，梁文道说："你可以给我做个视频节目，就讲这个嘛。"窦文涛说他是门外汉，压根儿不好意思讲。他自知永远不会琢磨出个所以然的，没人关心他的看法，这事儿跟他的专业一点关系都没有，花这功夫确实没用。但"我确实对这个有兴趣怎么办，我就是有兴趣"。这个过程让他细细欣赏名画，起码得了美。

工作之余的绝大多数时间里，窦文涛都宅在家里。家里独处的世界对他来说安全、舒服、充实。陈鲁豫有时问窦文涛："你在家干吗啊？"窦文涛总是说："我在家里面忙不过来啊。"

宅在家里的典型一天有点像他的节目，结构是非线性的：早上起来，泡一壶普洱，从书架上随手抓起一本书，翻到任何一页，往下看。看了会儿可能上了趟洗手间，回来的时候在三米四的长案（台湾朋友送的百年铁梨木独板）旁逗留半晌，看案上展开的《女史箴图》，然后突然对画家顾恺之产生了兴趣，就转去看和顾恺之相关的史料，有时好多本书一起摊开摆在桌上看。这时，丁零，手机来了条微信，他的兴趣又转移到了手机上，接着拿起手机把先前存下的好多篇未看的文章（从《土耳其、欧亚主义与丝绸之路经济带》到《凤姐宣布要转型做天使投资人》）看完。突然想给某人打个电话，打完电话又该走跑步机了，《权力的游戏》还有3集没看完，就边跑步边看《权力的游戏》。如果不用挣钱的话，他想自己成天就是宅在家里做这些在别人看来"很无聊"的事情。

尽管毕蜂早就知道窦文涛不喜欢出门见人，但某次陪他看戏的经历才让她对他的这一面有了切实的认识。有期节目打算请一位台湾的戏剧家上节目，毕蜂就逼着窦文涛去看他的新戏。窦文涛背着一个包来了，她把票给他，说："文涛，这是你的票，你进去坐吧。"然后她转头继续跟朋友说话。过了会儿，她发现窦文涛很不安地站在她的背后，在那儿等着。她这才意识到，哦，他可能是需要我陪他一起进去。然后两个人就一起进去坐下。台里的领导也在，过来打招呼："啊，文涛，不错，来看戏，好，一会儿跟我去后台慰问演员。"这时候毕蜂看到"他抱着他的包越缩越小，越缩越小，最后就咬着那个包躲在位子上了"。然后整个人非常紧张地看完那场戏，临近结尾时，戏还没完，吱溜一下就跑了，"生怕被人看见的那种状态"。

窦文涛说他父亲也是一个总藏着自己的人，窦家人从不到邻居家串门，也不走亲戚，"跟外界是完全封闭的"。他的父亲出门总是戴着顶帽子，走路很快。回到家，摘了帽子坐在沙发上，出一口气，"好像就觉得，哎呀，世界上只有家里是最安全的地方，和最舒服的。"

山上的棋局，一下就是18年。别人夸赞这节目长盛不衰，窦文涛说："你调整一下，是长衰不盛。"在他看来，自己这么一直做下来和父母一辈子在水泵厂工作并无不同，"实际上是因为我懒惰，而不是因为我坚持……反倒是我的消极的品质，而不是我的积极的品质，决定了这个节目的18年。"

"有些人天生就是要为社会呼吁的，我也很早就知道，我不是这样的人。"窦文涛说，"我跟Google差不多，我尽量别作恶，对吧，但是呢，我还是要活我自己，大多数人跟我没什么关系。"

某种程度而言，正是这种价值观决定了《锵锵三人行》的调性。窦文涛每天谈论时下最热门的社会话题，但并不想将节目变成辩论场或真理的发表地。他有一个独特的"谈资价值观"——任何观点都是一个谈资，增进谈话兴味的材料："老实讲我才无所谓你这个观点是正确还是错误，我关心的是你这个观点聊得有没有意思，或者我能不能找另一个观点跟你的并列一下。我有时候会觉得自己有点爱憎不分是非不明，就是谁说的都觉得有道理。"

这些年他越琢磨越觉得，自己就是《茶馆》里的那个王利发，就是想把这个茶馆开下去。招呼嘉宾们都聊得开心，尽兴而归，这就是他最大的满足。

窦文涛希望自己的茶馆更"俗"一些，更活色生香一些，成为文人雅士的会客厅并非他的初衷："有些人就说，这是个文化人很感兴趣的节目，这对我并不是一个赞美，我不希望变成这是一个很有知识的节目，我不喜欢这样，因为我的脑子里好像没那个分别心。相反我是觉得有些知识分子，他谈话当中，我觉得他有这个知识障，就是有时候知识也会成为你的障碍。"

有一次录节目，纪录片导演徐童带了一个他片中的主人公——做过夜总会小姐的姑娘。她一上来"哇哇就侃了一通这些嫖客的经历"，完全来自生活的语言和表达，窦文涛觉得很震撼，比知识分子讲得有力度："你知道吧，她有劲儿，她有一种……所以我就觉得，你不要觉得自己是才子，不要有这个气息，不要有这个气味，这个气味都很酸腐，才子气，教授气，学者气，书卷气，为什么要有一个气？你有一个气，你就开始俗了。"

在那个遇仙的故事里，后世的文人给王质安排了各种不同的命运，或"号恸而绝"，或"复入山，得道"。对窦文涛来说，他给自己安排的选择是做出些调整。一次《锵锵三人行》请了某位年轻嘉宾，这位嘉宾话里话外老是想宣传自己，老是想看镜头，和观众打招呼。节目组的同事们都觉得他不可爱。窦文涛倒觉得他不错，只是没经验。他觉得这些同事是习惯了《锵锵三人行》里原有的那套自然、真诚的表达方式。在见识了一些"新时代的新人物"之后，他反而觉得过去看人的标准或许需要调整，如今的诸多形势也需要适应。

过去，在梁文道看来："窦文涛完全违反一般的这种电视娱乐圈或媒体圈人的那种状态，他觉得最好不要被人看到，他喜欢躲起来。"商业活动的主持邀请，有电视直播的他不去。别人不能理解，有直播不是影响更大嘛。窦文涛想的是，既然这是一个丢人的活儿——所有表演性强的表达都被他视作"丢人"——咱就臊眉耷眼地做了，看到的人越少越好。

如今，他对待商业活动上的心态也在转变。以前觉得丢人的事儿，虽然现在仍然觉得丢人，但接受的尺度大大放宽了，好些事儿现在可以"厚着脸皮"去做："我现在觉得比起另外一些更重要的事情，比如说我父母的身体健康，我觉得这个丢人就丢人吧，丢了怎么了，我又不伤天害理。"

在第二次采访中，窦文涛向《人物》记者诚恳地谈了自己在认识上的转变，"见识了一些新时代的新人物之后啊，我就觉得我需要学习，需要打开一些。"窦文涛用互联网打比方，"互联网就像沙滩里有金子，淘金的人怎么会嫌沙子多？就是泥沙俱下，看你能不能淘到金。"

他有时也在想，可能人要想进步，就是不能太舒服了，而过去他太贪恋这种舒服了。

当然，如果因此以为窦文涛已经理顺了自己与外部世界之间的拧巴，就有些夸大他的转变了。十几天后，他在《天天逗文涛》里谈琼瑶诉于正抄袭案的新闻时，提及了自己与《人物》记者的这次对话，他跟《人物》记者所谈的认识上的转变再次产生了动摇——"关于这个有劲该往哪儿使的问题，对，大家为了成功都是很勤奋，都是出尽了全力，但是这个力、这个功夫放在哪儿，放在抄，还是放在吹？哎，这个要不要讲究？"

下山，或是不下山？他有一个根深蒂固的"纠结"性格。毕蜂讲起凤凰卫视的同事间曾流传一个拿窦文涛的性格开玩笑的段子："做《拍案》的时候，讲到一个杀人犯，什么事不高兴就提着刀去砍同事。然后我们就开玩笑说，如果是文涛会怎么样呢？说文涛会把那个刀放在他的那个包里，每天背着来背着回去，反复想我砍呢，是不砍呢，把那个刀从包里拿出来再放进去，背过来又背回去，然后最终什么都没做……"

"其实我觉得，可能我是个非常贪婪的人，我想，来这个世界上走一遭，我把你们每个人觉得好玩的东西，我都得享受一下，最好我都能知道它的妙处。我觉得我要是有什么人生目标，恐怕就是这个。"他仍然贪恋舒服，如果可能的话。山中观棋才是他真正的理想。

辑四

PART 4

变化

...

精彩有尽时，人生是无常

孟非

//

浪中之石

四十岁之后，孟非更加率性而内省，
就像石头被波浪裹挟，不肯让波浪把自己的棱角刷掉，
尽量不委屈自己，做个真人。

四十不惑

孟非今年戒了烟。起因是《非诚勿扰》的主持搭档、老烟民黄磊戒了烟,他看孟非在化妆室一根接一根地抽,某次饭局就对他说:抽烟自己麻烦,也给别人添麻烦,一个习惯只需要21天就能养成,所以你21天就能戒烟,你敢不敢?当时孟非正在抽烟,"啪"就把烟扔地上了,说行。

后来孟非果真没再碰过烟,还和黄磊一起拍了禁烟宣传片。他像传销组织一样发展自己的禁烟下线,发红包鼓励自己的员工戒烟。"作为一个老烟民的这个年纪选择做一些对自己反响非常好的事情",黄磊解释,孟非听劝,大概是因为"到了一个时间"。

40岁之后,孟非似乎更加率性而内省。2014年他成立了自己的公司,《非诚勿扰》的大部分班底跟随,孟非虽然体制上还在江苏台,但新公司承担了《非诚勿扰》的制作部分,实现制播分离。

开新公司的同时,孟非删除了自己的全部微博,以家里狗的名字开了小号。他之前常评论时事,现在则明确表示,"我废除了过去孟非的这个微博,在'孟小发的生活'里边,我对任何社会问题都没有任何意见。"他说这是因为怕惹麻烦,"我现在是带着团队出来自己做了，和过去不一样了。"

一直以来，孟非极力保护自我的一部分，他愿意在节目里分享自己作为主持人的公共形象，但个人生活与此有清晰的界限。他下了班便不再接工作的电话，平时喜欢摄影、旅游，最喜欢的偶像剧是《流星花园》，有一帮相交20余年的老友，每个月都聚会，大家轮流请客。如果是领导或者"高端粉丝"的饭局，他不想出席就直接拒绝。《非诚勿扰》的另一位主持搭档黄菡解释，这种时刻别人只好帮他打圆场，说"孟老师去美国了"。"他有的时候很固执地，很生硬地，很激烈地把个人生活当中的自己跟工作当中的自己严格地区分开来。"黄菡说。

他把开小面馆看作40岁之后的一个重要目标。孟非出生于重庆，小时候放学回家，在路上经过一个小面摊就吃一小碗，再经过一个，忍不住又要吃一小碗。那时没钱，但小面便宜，因此就觉得奢侈，觉得小面是最好吃的东西。他是念旧的人，家乡的味道萦绕至今。出版人、朋友沈浩波说："他对小面的热情有一段时间几乎高于一切，你只要坐下来，他就和你谈小面。你感觉就是每卖出一碗小面，比主持了一期《非诚勿扰》还要兴奋。"

"人到了40多岁，总想换个生活方式吧。"孟非说。他在电视台工作了20多年，"也是想弄点别的事，别老一辈子，一辈子弄这个事，就会有点烦。"

跟着走

孟非没有将个人丰富生活与公众全盘分享的打算。接受《人物》采访时，开门见山，"很多媒体采访过我，采访过之后他们都感到失望。"

他致力于打破一种期待——《非诚勿扰》上那个幽默风趣的主持人，理应有与之相配套的现实生活中的精彩故事。40岁那年，沈浩波劝孟非出本写自己的书，沈跑了好几次南京，以"利诱"，劝他给自己的前40年做个总结，以"威逼"，告诫说不写就全忘了。孟非后来接受邀约，但自序里说，"如果有人肯读完它并由衷地认为很有意思，我只能认为：这是一个奇迹。"

沈浩波回忆那次约稿过程时说，他给孟非准备了一堆书名，可孟非就非要选"随遇而安"，"我就感觉叫'随遇而安'这个书名不太好卖，因为我觉得整个时代的人都在讲奋斗，努力，要争取，要拼搏。你弄个'随遇而安'，就跟市场、跟潮流拧着来吧。"

"随遇而安"是孟非前半生的人生哲学，但这并未减少他经历的戏剧性。高考落榜，知识分子家庭出身的孟非做过许多体力活儿，在印刷厂工作时，经常卸几十斤的纸和石棉网，因为接触油墨，手指常年乌黑。他甚至曾差点在一次印刷事故中失去左手。后来他进入江苏卫视，从临时工开始做，摄像、记者、编导到制片。

南京大学新闻传播学院教授张红军和孟非是多年好友，他回忆，孟非早年就表现出极强的表达能力。20世纪90年代的江苏台，如果偶然推开一间办公室的门，看见一小堆人围坐在一起津津有味地听一个人说话，"一般来说，那人一定是孟非"。他打扮一丝不苟，头戴一顶棒球帽，绘声绘色地讲段子，人群中发出爆笑，他吸一口烟，待心痒难耐的观众催促才悠然继续。单做摄像、记者，张红军回忆，"大家纷纷都觉得孟非可惜了，可惜他这么强的表达能力"。

他知识驳杂，博闻强记，写的稿子通常联想丰富，审片时领导经常说："你下次能不能不从原始社会说起？"然后在一片笑声中一挥手，"播吧。"

孟非的父母都是江苏台的职工，父亲还是中层领导，但这并没有能够帮助他转正。他甚至赶上了江苏台最糟糕的时候，做节目的费用得自己垫，一年只能报销一到两次。孟非说："我当时那点出息，能有个饭碗就不错了，我绝对没有那个勇气说'哎哟，这个台不行，我上别的地方去'，我不敢，那个时候能有个临时工的饭碗就挺好的了。"

张红军对孟非所谓"随遇而安"的理解是，"他非常深切地知道，我们今天所处的这个社会不是说你想做什么就一定能做什么，有很多时候是要靠机会，靠机遇，甚至靠别人的提携"。

景志刚是孟非的伯乐。2002年，时任江苏电视台城市频道总监的景志刚看到他"说新闻"而不是"报新闻"的能力，找他主持《南京零距离》。

"我没有什么所谓的方向和目标，就是叫你做主持人你就好好做。"孟非说。这个非专业出身的光头主播出人意料地红遍南京。他在社会底层摸爬滚打过，平民视角深入骨髓。《南京零距离》在开播第2周收视率上扬，从第36周开始，名列尼尔森南京地区电视节目排行榜第一名。开播第二年广告收入过亿。

主持《非诚勿扰》让他的知名度量级提升到全国范围。2010年年底，《非诚勿扰》开播，仅用了不到10集，收视率就超过3%，成为名噪一时的现象级节目。对此孟非说："播新闻就好好播，争取做一个好的新闻主播。让你去做《非诚勿扰》，大型生活服务类节目,你就好好做服务类节目。"

曾经的江苏台台长周莉觉得,《非诚勿扰》的底色由孟非的民生新闻人出身决定。节目往往只有一个脉络,没什么稿子,但"孟非不是报新闻的,他是说新闻的人……他对现场反应非常快,现场爆发的很多东西,他就把它当新闻来处理了。所以,后来好多人学我们相亲这个节目学得还不像"。

2011年,江苏广电总台十周年庆典晚会上,孟非作为员工代表发言,主题是"跟着走"。他讲自己曾看过一篇文章,邓楠有次问父亲邓小平,长征那时你在干什么。邓小平回答,跟着走。这个故事给孟非留下深刻印象。

"我说我在这个台这么多年,高速发展,如果有人问我都干什么,我也想说就是跟着走。为什么呢,因为我不需要去考虑那种战略性的、宏观的,那种愿景式的东西,我不需要去想,也用不着。"孟非说。

内在的争

沈浩波把孟非的不争看作是对外的不争,"他内在实际上是争的,他争在自己的精神追求,他要保全自己的棱角,尽量不委屈自己,做个真人。在这种情况下,他是很固执的,像一块石头。"沈浩波说,随遇而安只是一个方面,好像石头被波浪裹挟一样,但头角峥嵘是另一方面,"同时在波浪之中,他又不肯让波浪把自己的棱角刷掉"。

《南京零距离》火了之后，央视数次向孟非伸来橄榄枝，他都拒绝了。为什么？"您觉得呢？"他反问记者。他提到官方语境中常见的"下基层"概念，"你不在下边吗？你还要下去？我从来都在下边，我不用下基层，就天天在基层待着呢！"

他总是强调自己出身社会底层，在节目上如此，在生活中也是如此。黄菡却对此有不同认识，她认为孟非是干部子弟或大院子弟的一种，只不过与一般子弟不同，因为叛逆的青年时代没有走上四平八稳进入体制、获得各种资源支持的人生，"那让他走另外一条路，然后这条路呢，可能走起来就有一些磕磕绊绊，然后他就把这个叫作草根的出身，底层的拼搏，我觉得好像有点……"黄菡笑了起来，"我理解的草根和底层好像不是这样子的……不是真的是那种底层和草根，他的那段经历是让他贴近了他们，或者说能让他站在一个外头，就是能让他有一段时间站在之外和之下看了一下那个上层和主流、精英和主流。所以他确实有那样一个可以跳脱开来、游离开来的视角。"

周莉2003年出任江苏台台长，野心勃勃地改革，江苏台迎来高速发展的"黄金十年"。周莉习惯对平台提出明确的任务指标，比如收视率和广告额度，但尊重个人价值，不要求孟非也这么做。孟非说自己没想过争第一，"你非得想我要干到全国前三名，我要再过几年，我争取个全国第一？我不知道有没有人这么想，反正我是没这么想过"。

"要好"——黄菡说。孟非不是"要强"，而是"要好"，对一切好的东西有追求。他爱读书，记忆力极佳，能背诵《围城》。有次《非诚勿扰》开选题会，孟非问了问全组人每年的读书量，没有人超过他。他也爱打扮，讲究华服搭配。"他向往美、追求美，去体验、去享受，他有这样一种动力。"黄菡说，这种动力在工作中促成责任感，"他自己的那样一种素养，又决定了这个标准其实是不低的。"

在《非诚勿扰》节目组工作过5年的编导兰薇认为孟非有表演型人格，人越多的时候，越兴奋，越有表演欲。孟非每次录节目都紧张，一定要上趟厕所来缓解压力。主持一场节目，三四个小时如打了鸡血一般，直到结束的那一刻才突然放松。从直播新闻节目到综艺节目，场子大了，倒激发了他的能力。兰薇说："我觉得他是享受的，但是他自己可能不承认吧。"

2014年，冯小刚任春晚总导演，他给孟非打过电话，问他能不能来趟北京，想听听他的看法。孟非婉拒，说自己是台里的员工，要听从台里派遣，如果问个人，"我个人什么事儿都不想干，最后还是没去"。

更大的舞台并不必然带来诱惑，回想起这件事，孟非依然清醒地坚持自己的选择，"第一，我没有兴趣。第二，那个舞台不适合我，那样的说话不是我能说得了的，那种高亢、嘹亮那样的，说不出来，我只适合这样的有交流的"。

孟非自豪自己能做到在不同类型的节目之间转换自如。"我不管是从地方到全国，我认为如果说还有点值得吹牛×的东西，那一定是播新闻的去做了娱乐或者生活服务类节目，完全不同的类型的节目，也获得了观众的认可。"

张红军总结："我觉得他的这种驱动力就在于他要实现自己的价值。"

头角峥嵘

孟非有尖锐的一面，常常刺破温和的外表显露出来。

主持《南京零距离》的时候，因为时常针砭时弊，他没少"惹麻烦"。最严重的一次，他因此被停职了几天。周莉当时压力巨大，她好几次在不同场合碰见领导，领导说，周台，找你们孟非谈谈。"其实周台一个字都没说过我，"孟非说，换一个台长开除自己都有可能，但周莉尽可能在体制内保全了一个有独立精神的主持人，孟非感激不已，"这个就是让我觉得特别值得去卖命的地方。"

当《非诚勿扰》吸引了全国观众的目光时，这个节目和孟非都必须承受更挑剔的审视。有规定女嘉宾上衣的扣子要扣到不露乳沟，如果有胸大的女嘉宾，节目组只能用字卡遮住。在种种严苛的审美规定之下，孟非试图做到价值观上的宽容，他把节目比喻成媒婆的宴请，得圆场，得让大家舒服点。2010年，女嘉宾马诺在节目中说"宁愿坐在宝马里哭，也不坐在自行车后座上笑"引发舆论震动，甚至招致央媒的点名批评。"马诺事件"之后，学校教师黄菡成为嘉宾主持，孟非仍只告诉她一点，"你不要做毒舌"。

但孟非并非没有标准，他道德感、正义感极强，常常在节目中有明确的导向。有次节目来了一位男嘉宾，表示自己不接受单亲妈妈，觉得她们"道德败坏"，不"原汁原味"。孟非出奇愤怒，在男嘉宾还未说完的情况下直接让对方离场，"这个舞台上什么时候离开我说了算"。张红军回忆："此后每当聊到这件事情，他依然义愤填膺，他说这种言谈举止怪异也就算了，现在什么人都有，这是人家的个性。但是我就搞不懂，你凭什么，你来自哪里，你瞧不上人家一个离过婚的人，离过婚的人怎么了呢？"

"他的底线其实就在于要尊重他人"，张红军说，孟非绝不是什么没原则的"老好人"。

节目中遇到好的男孩，孟非言语上会多有帮衬。"他会喜欢跟他像的人，"兰薇说，"其实他不喜欢胸怀大志的人。"孟非对成功学有强烈的抵触情绪，反感人一上来就说要做全球500强、纳斯达克上市。40岁之前退休，他喜欢生活化的、乐观朴实的男嘉宾。

至于女嘉宾，他喜欢的类型是"传统""温婉""漂亮"。黄菡说，她与孟非在价值观上唯一不一样的地方在性别观上，"比如（他）还是会觉得男人应该是家庭的主导啊，他可以进一步到说女性可以比男性收入高，但是我想他还是不太能接受女人成为这个家庭的精神、或者什么的主导"。

演员黄磊后来加入《非诚勿扰》做嘉宾主持，他看到孟非从不吝啬表达自己的看法，"他的倔强和坚持其实是来自于他的正直和他的学养，"黄磊说，"所以他才会对很多东西表达出他很坚定和鲜明的态度和看法，这是我很欣赏的。"

孟非光着头，评男评女，黄磊说他令自己想到木心书里的一句，"草莽气中带着书卷气"。

录某期特别节目的时候，《非诚勿扰》把一些之前在节目中结识、结婚、生子的男女嘉宾请了回来，黄磊看到孟非"老泪纵横"，非常感动，"他平常老是扮演一个，老想以一个不是太用心、用情的那种样子出现的人，但是其实他是个用心、用情用得很深的人"。

兰薇目睹过孟非在台上几次为男女嘉宾流泪的场景，称他是"永远不会老的热血青年"，对很多事情有自己的看法，同时内心柔软。

说与不说

孟非对自己认为对的事情很坚持，他戒烟之后，一直鼓动身边的朋友也戒。沈浩波说，饭局上孟非从坐下来一直到吃饭结束都在讲戒烟，自己烟瘾也不小，好几次掏出来，看看滔滔不绝的孟非，又放了回去。

他之前在公共领域的发言同样立场坚定，但他的态度正由显性转为隐性。他不再点名批评任何公众人物，也不再因为飞机晚点而感慨中国糟糕的飞行体验——没删微博之前，这是他常见的言论。删除微博的时候，黄菡简短地问过孟非："没事吧？""没事。"孟非答。但他不能完全藏住想法，率性的脾气常常冲破顾虑。8月底，他发了一条微博，说有观众反映《非诚勿扰》录制现场很好玩，但播出时很多有意思的内容都没有了，那是因为最有意思的内容被删除了。

其余时刻，孟非继续在媒体上保持低调，自序提到曾有记者绝望地问他："就你说的这些东西，怎么写得出一篇稿子来？"

第一次接受《人物》采访的时候，他根据自己一分钟说250到260个字，估算出一次采访能达成的效果。第二次接受采访时，他讲了某次自己曾遭遇过的不公待遇，细节详尽、言辞颇为义愤，问及是否仍然生气，他说："你采访我的时候我要不做出这个样子，你会觉得我在接受采访的时候一点诚意都没有。"

因此态度尤为重要。孟非做过多年记者，懂得如何保持自我界限与形象经营之间的平衡，"你去问那些特别拽、特别屌的，他都给你呵呵，我碰到过这种。我记得我当记者采访他们这种，我也想抽死他。"狡黠而诚实。

孟非公司的制片人张玲燕说，记者见不到孟非活泼的一面，其实他能够口若悬河地讲段子，或者在主持完一场节目后"求表扬"，"他会说，大声地告诉我，录得这么好是因为什么？"

如今，他连之前惯常发表的对公共领域的评论也一并退场，仅留存一个大型生活服务类的主持人形象。他对开面馆乐此不疲，至于主持，他回应："你可以从我有这么大的热情去卖面条去看这件事——你不觉得这个里面也说明了点什么吗？"

黄磊与孟非相交时间短，但交情甚好，觉得把孟非看作一个生动的人，比看作一个成功的主持人更重要。"你说没有江苏卫视就不会有孟非？孟非还是孟非，他有可能不在《非诚勿扰》，不在这个地方发光，那他在自己人生中他是这样活着的，这不比成为大家认识的孟非、成为一个名节目主持人更重要吗？"

黄 磊

//

一次别离

黄磊说："什么叫无常？你永远不知道，之后会发生什么。
什么叫无奈呢？发生什么你也没辙。
所以人生是由无常与无奈这样的主旋律构成的。"
生活丰沛满足，但人到中年，别离之事依旧无可避免，扑面而来。

10号街区

电话是在早晨响起来的。黄磊先生接起来,妻子孙莉在那头低声说,他们一位身患癌症的邻居王姐"可能不行了",她很难过,做噩梦,然后哭醒。那是2014年岁末,黄磊正在乌镇准备参加好友陈向宏女儿的婚礼,江南古镇很清淡,多年挚友相聚,一切看起来都很好。但在这样的情境里,千里之外的生死却突然被推到他面前。

40岁以后,邻居渐渐成为黄磊生活中一群无可取代的朋友。2008年起,他搬到京郊一片别墅群。社区位于两条不冻河之间的谷地,自成系统,像是巨大城市旁边一处小小的桃花源。黄磊住在第10号街区,对面的小独栋是做环保行业的枫哥,隔壁住着开公司的孙哥,小提琴家吕思清也离他们不远。这片街区将几个年龄相仿、事业有成的男人紧密联系在一起,黄磊、孙哥和枫哥在吕思清一瓶又一瓶好酒的"训练"下成了品酒行家,枫哥在黄磊一次又一次的游说后也把女儿送进了国际学校,并且同意让孩子请假与几个家庭一起去台湾旅行。几家人常常是夜不闭户,凑在一起打赌注5块钱的德州扑克,席间开的每瓶酒,价值都够一桌子人玩上好几个礼拜。"我们就像亲戚,"黄磊说,"远亲不如近邻,真的比亲戚要亲。"

在10号街区这群邻居当中,黄磊有两个外号。

一个叫"黄小厨",他特别会做饭,也爱做,通常大家不知道吃什么好的时候,黄磊就要说他的口头禅了:"到我们家吧!"然后进厨房,快乐地忙活半天。有一回,黄小厨又临时起意喊大家到家里吃饭,几家人饭饱酒足正在回味,黄磊忽然问,你们没发现吗,今天吃饭,桌上全是猪肉。"呦,真是,"枫哥对这顿饭印象深刻,"他说叫你们到我们家吃饭的时候呀,我没想,到家一看只有猪肉。他就把猪肉各种做法都用上,大家都没反应过来。"

还有一个外号"黄全来",意思是他好张罗,能操心,点子多,什么都能来。大家聚会,好几个10岁左右的小孩凑到一块儿,其他人都有点不知道该拿这群小朋友怎么办,每回都是黄磊,随口编一个游戏,制定规则,像模像样带着他们开始玩。10号街区的孩子都非常喜欢他,管他叫"小爸爸",也不知道有什么魔力,他讲道理,孩子们就听得进去。逢年过节或是谁家过生日,黄磊总是那个创意策划的角色。有一年情人节,他拉了个微信群,秘密组织几位男士给太太们准备惊喜。水果拼盘摆好,甜点烤好,蜡烛、灯光和鲜花就位,他突然说别别,别着急,还有花瓣呢。等各家太太一开门,大片大片的花瓣撒落,"好多太太晕了,照片啪啪啪拍"。

黄磊享受这种安逸的生活。他说:"我确实没有,真的,我没那么高的志向,我挺安逸的,我觉得我现在过得够好,我有俩孩子,我还有点钱,我有一媳妇,我身体还算健康,能吃能喝的多好,我还办着戏剧节,我在小范围内受着追捧,挺好。"

几家人最大的共同爱好是吃。每年夏末秋初,北京一年当中最好的季节,10号街区800多米长的笔直街道就会出现一溜长桌,每家每户贡献自己的拿手菜,请各种朋友来吃街宴。朋友喊来了朋友,又喊来朋友的朋友,慢慢慢慢,三四百人就这么聚了起来。街边一栋栋意大利式、西班牙式、法兰西式的小别墅院门大开,热腾腾的食物源源不断从里面送出来。

吕思清是聚拢资源的一把好手，找来最好的红酒、最好的食物，请好朋友大董，没错，就是大董烤鸭的大董来帮忙加菜。黄磊喜欢组织张罗，大家吃着喝着，他就站一边，乐呵呵给朋友们烤肉。

还有王姐，管着他们号称"10街老友基金会"的小金库，各家定期往里面存钱，由王姐统一走账，作为每次吃喝活动的基金。有一年大家约好一起去欧洲旅行，王姐临行前退出了，她在那时被查出患有癌症。

"这些东西跟你有什么钱、有没有什么都没关系，因为你遭遇了人生这些东西，其实这些无常是一样的，特别的公平，它对人都一样。"黄磊说，"什么叫无常？你永远不知道，之后会发生什么。什么叫无奈呢？发生什么你也没辙。所以人生是由无常与无奈这样的主旋律构成的。"生活丰沛满足，但人到中年，别离之事依旧无可避免，扑面而来。

身体发福，藏到了心里

2011年，黄磊的挚友、台湾地区著名音乐人陈志远因为癌症去世，黄磊第一次遇到搅动内心巨大波澜的死别。他从26岁发行第一张专辑《边走边唱》起就跟陈志远合作，陈志远长他近两轮，亦师亦友，高山流水，见证了他音乐上的所有成长。最后的几天，黄磊只身飞到初春微凉的台北，陪伴他最后一程。病床上的陈志远虚弱到无力睁眼，轻轻对他笑了一下，说"我有好多生"。黄磊感到巨大的冲击。他在当天的微博上写："如今我不知所措，只有哭不来的泪与痛。"他决定不再唱歌,任何公共场合都不唱,"他是我人生中最重要的音乐知音,人都没了,我也觉得没什么意思。"

然后是王姐。生活里最亲密的朋友突然之间就离开了。所谓"许多生的缘分"大约是生者的自我安慰,黄磊更强烈的感受是无情,"时间就是无情,那过去就过去了"。

他2015年投资了一部新的电视剧,故事是他自己找的,小说的名字叫作《小别离》。最初就是这个题目打动了他。"我就因为这仨字,人生就是一场为了告别的聚会,真的是,就是别离。"

"我们一生会有两次别离……这两次别离是什么呢,一次别离是你和这个世界告别,我们要走到生命尽头,跟世界告别。但那之前我们会有很多琐碎的告别,但是在这些琐碎的告别中有一次是只比我们那一次小,比别的都要大的,就是人到中年那次告别,这次叫小别离。"跟《人物》记者说起这些的时候,黄磊刚结束《小别离》一天拍摄,他躺在车里一条改装过的长椅上,把棉被拉起来裹住了自己。车窗外下着北京罕见的大雨,哗啦啦,哗啦啦,让黄磊一向明快的声音听起来有些不真实。

他首先感到的是青春在跟自己别离。人步入中年开始衰落,原来觉得青春还有一点尾巴在身边,现在"连尾巴都不见了"。10年前拍《喜福会》,AB两组同时开工连续拍了48小时,他只需要在坐车的间隙打个盹。"我年轻的时候那简直无敌,真的,我可以永远不睡觉,永远都跑,永远说话,永远喝酒,永远在做事。"到现在,不行了。

年轻的时候,黄磊演尽了风流角色。《人间四月天》里的徐志摩、《似水年华》里的小镇文青和《橘子红了》里温文尔雅的容耀辉令他成为一代文艺青年的偶像。戏外,他是北京电影学院的年轻教师,很瘦,留一头长发,在小本子上写现代抒情诗。

海清是黄磊97班的学生,她向《人物》回忆,经常是课上着上着,门莫名其妙被一下推开,就听见外面"天哪帅死了""亲爱的看到了",声音接着又飘走了。班里的同学想吃顿好的,就忽悠师父给两张签名照,他们再拿去给其他系的女孩子,让她们用请客吃饭作为交换。

袁立是小黄磊两届的师妹,在她学生时代遥远的印象里,黄磊留下的是一个清高的、有些难以接近的影子。"我觉得他比较旧时文人的感觉,就是那个民国时候的文人……我感觉他,这一类人他非常地喜欢,当然他也特别想,自己就是那一堆里面的一个人,可惜他生活在现代。"所以当2008年她接演赵宝刚导演的都市轻喜剧《婚姻保卫战》,知道搭档是黄磊时,脑子里跳出来的第一个想法是:他真愿意牺牲自己。

两人在《婚姻保卫战》中扮演一对夫妻,袁立饰演的女老板是个女强人,黄磊饰演的丈夫则又唠叨又八卦,每天围着老婆孩子灶台转。"因为我觉得他,好像一直都蛮清高的,然后怎么可以演这种角色嘛,这种婆婆妈妈的小丈夫的角色……我真的不知道他怎么说服自己的。"她甚至不好意思去问他。

小宋佳曾跟袁立有同样的疑问。她比黄磊小9岁,黄磊留着长头发、系着白围巾唱《边走边唱》的年月她正上初中,为黄磊身上的内敛、安静气质深深着迷。黄磊的每一张专辑她都买,每一首歌都会唱。"那时候他特别书卷气,穿一个深蓝色的大衣,然后一个高领毛衣,侧面一个中分小长发,帅得简直不行不行的……这就是他自身的一种气质,他小时候长得多好看啊,你看他《夜半歌声》什么的,好多戏特别好看。"宋佳向《人物》回忆,将近10年之后,《嘿,老头》剧组邀请宋佳跟黄磊搭档,她觉得缘分奇妙。在片场第一次见面,宋佳对黄磊说,每一个80后的文艺女青年心中,都曾经住着一个黄磊。

但她在剧组看到的人已经不是这样了。他比当年胖了许多，穿着大T恤人字拖，为演北京胡同串子烫了一头小卷发。这时黄磊已经接连演了四个家庭煮夫、男闺蜜类型的角色，宋佳说在组里看到的黄磊甚至有点唠叨，由于兼做制片人而格外操心琐碎，从伙食、天气到道具，这也管那也管。"所以对我来说我心里是有落差的，我是有失落的，说他怎么和我当年看的不一样啊。"宋佳老调侃他，拿出二十来岁的照片说你注意点，不能这样，不能自暴自弃。黄磊从来不生气，嘿嘿嘿笑，说，你绝对是我歌迷里面长得最白的。

"见着他本人之后，基本上那个东西就已经破灭了。"宋佳有些怅然，一会儿，又笑起来，"这个东西，搁在今天他已经，甚至说他都不想要了。"

事实上，后来有无数的媒体和观众替袁立和宋佳问过这个问题。黄磊像个好好先生一样，每次都不厌其烦，笑眯眯地解释，当初根本没想那么多，女儿刚出生两年，电影市场又不景气，就想着

黄磊专辑《边走边唱》官方海报

"演演戏挣挣钱,过得好点就完了"。况且自己在生活里原本就是爱逗乐又居家的性子,没什么演不了的。

《人物》记者第一次见到黄磊是在《小别离》的拍摄现场,他刚吃过午饭,穿着大裤衩和人字拖来回来去地溜达,一会儿帮着工作人员修电脑,一会儿又去问发型师到底听他的话把烟戒了没有,忙忙叨叨。在这样的氛围里,黄磊给出了一个更加直接的答案,"我现在没法去演那个,似水年华,那你不信啊。我再来那个,在书店里头趴着,人家说你多大了,44,老不正经,都是老不正经"。

他依旧对青年时代喜欢的东西充满热情,录完《非诚勿扰》之后会和孟非在有微风的深夜喝酒,聊的是郁达夫。孟非顺口把郁达夫的最后一首诗背了出来,黄磊就接下去,讲诗人的死,讲最后的传奇。

然而他清楚地知道自己不再年轻了,外形和体力上都是如此。聊了诗歌喝完大酒,第二天的拍摄不得不请上半天假。"那这些文青去哪儿了呢,两种,一种就像海子一样,去了远方,是吧,像海子一样去了远方。一种就像我呀,就是一大堆啊,身体发福,藏到了心里。"黄磊说。

他年轻的时候一心想要证明自己,要演更多的戏,更好的戏,"让大家都认为我特棒"。十七八岁拍完跟张国荣合作的电影《夜半歌声》,他登上香港太平山顶,看着脚下的万家灯火想,总有一天我要征服这里。

"什么叫征服?"

"就是因为不知道,所以就说我要征服你,我哪知道什么叫征服啊,不懂。现在想想征服哪儿啊,哪儿也征服不了,别瞎扯了。"

最好的时光

2015年初从乌镇回来,王姐走了,没能熬过农历年关。黄磊和枫哥最早赶到医院,两个人一起把她的遗体送到了太平间。

人至中年,别离切近。先是父母,黄磊说自己从现在开始已经在数日子:如果父亲长寿到90岁,接下来10年按照自己的忙碌程度,一年真正能跟他待在一起的时间最多最多不会超过20天。10年,也就是200天,200次之后,他将永远再见不到自己的父母了,这就是告别。

2006年,他和妻子孙莉有了女儿多多。看着同龄人的孩子大多都到了该上大学离开家的年纪,黄磊觉得有些庆幸——女儿还小,他不用在承受与父母告别的同时跟女儿分离。但是他已经在做心理准备。"所有的爱都是为了相聚,只有父母与儿女的爱是为了别

电视剧《小别离》剧照

离。它是为了让他离开你,我对我女儿的爱也是为了让她有一天可以茁壮成长,可以离开我,可以不需要我。"

如今黄磊常常在跑步的时候想起王姐。她的追悼会由邻居们共同操办,气氛很温情,并不一味悲伤。他们都觉得幸运,有这么一群朋友,是可以托付生死的交情。

"跟我熟悉啊,这是我们最熟。那时候天天在一块儿,出国也一块儿,过年各种聚会……从她病了到医院天天提她,没事就去医院看她,她最后整个走,火化,追悼大会,全弄完了,开始还陪陪她老公,看看她孩子。最后离开了,我们偶尔再提及,将来就每一年她的忌日提及她,她的生日提及她,或者每一年到年底我们聚会的时候提及她。将来越来越疏远,疏远,最后就忘掉了。那反过来讲,如果她是你呢,你也是一样的。唉,人生有太多的不舍,但是又都不可能,对吧。"

黄磊迷上了跑步。只要不是忙到实在没时间,每天坚持跑10公里。跑的时候痛苦感来自身体,人什么也思考不了,但是跑完之后"人整个是空灵的,特别舒服"。他劝邻居们跟着自己一块儿跑。黄磊有一种奇妙的说服别人的能力,枫哥跑不动,也跟随一起绕院子快步走。相似的背景、长久的相处和共同经历的风雨令他们之间产生了某种超越性的感情。为了女儿上学方便,黄磊买了新房子,枫哥和吕思清于是也在附近买了房子,还搬到一块儿,继续做邻居。

中年黄磊的快乐和满足来自于这些情分。对个人价值实现的事情——那曾是他青年时代最强烈的渴望——他越来越不感兴趣,比如拍戏,导戏。很多人跟他说你得弄电影啊,他觉得自己没有那么强烈的愿望。他44岁了,"赛程过半",已经不期待自己成为什么传奇人物,所以不愿意花太多精力去做一些"证明自己有多不得了"的事情。

办乌镇戏剧节给他带来更大的成就感。他还想办电影节,办一所免费的艺术大学,自主招生自授学位,请最好的老师,教出最好的学生。他相信它们的长度会超过自己的生命,让他对死亡不畏惧。黄磊说:"谁知道自己他妈活多久啊,那这个戏剧节意义可能会不同。"他记得乌镇戏剧节的另一个创始人陈向宏对他们几个发起人说过,咱们几个要给自己弄一铜像,规定好,谁先死了,另外几个人一定要给他立上。"说最后一个死的最心里没底。"黄磊笑。

现在,唯一一个让黄磊有强烈欲望想拍的电影,讲的是他们这群邻居的故事。他在心里打了故事大纲:一个忙碌的爸爸,编出一个怪物的故事陪伴女儿,这是他自己;一个坚强的爸爸,在妻子去世后独自抚养孩子,直到遇见新的爱情,这是枫哥;一个尚未明白世事的小孩,突然间失去了妈妈,依旧在妈妈留下的温柔中成长,这是对王姐的纪念。

他给这个故事起了名字,叫作《最好的时光》。

唐家三少

//

在失控与
控制之间

妻子突如其来的疾病让唐家三少意识到，
生活必将与自己曾经的精准规划产生偏差。

病

十几年来，唐家三少的生活第一次失控发生在2015年11月，在医院的就诊室，妻子转过头望着他尴尬地笑了一下，"乳腺癌"，他永远都忘不了那个"带着恐惧、尴尬和说不出味道的笑容"。一瞬间，唐家三少就陷入了人生中最难熬的日子。

"因为我是一个掌控欲很强的人，但是当她病了那会儿，就是你会觉得你做什么都没用……完全失去控制，那种感觉其实对一个摩羯座来说是最痛苦的，就是说你做什么都没用，你无论使多大力气、有多少钱都没用，你只能眼睁睁地看着这个事情发生。"坐在北京4月的阳光里，唐家三少在自己创办的公司接受《人物》采访。他曾连续4年排在中国网络作家富豪榜的第一位，2015年版税收入过亿，但这件突如其来的变故仍然让他感到恐惧。

当他把这个消息向所在的作家群公布时，他的朋友、情感作家陆琪吓了一跳，又震惊又难过，在他心里，唐家三少和妻子的感情好极了，绝不输给偶像剧。但他觉得唐家三少并没有失控："他没有自怨自艾，没有跟谁哭诉说上天怎么这么不公平，他就直接来问我们应该怎么办，就投入进去了，我觉得在这点上，还是在控制之内的。"

"我只能正面,至少在所有人面前我也只能正面,如果我都悲观了,那这家里就没办法了。"他18岁时与妻子恋爱,至今已过16年,有了两个孩子,在那段短暂的时间里,他形容自己必须撑起这个家。妻子做完手术,推出来时浑身裹着纱布,还带着一个用来吸血沫的泵。他哭了一次,弟弟看见他使劲捶墙,他却只有一种有劲使不上的感觉。

妻子躺在病床上浑身僵硬,腰疼,他就坐到病床上把手伸到妻子腰底下给她揉,从下午一直揉到凌晨两三点。他腰也在疼,坐不住了,就蹲着给妻子揉,再后来就跪下了。到早上5点,他跪也跪不住了。睡了一个小时,医生就把他赶走了。

"你要是离我近了,你能闻见我身上一股精油味儿,是我老婆买精油给我推了推,那会儿老怕我下午这么长时间坐不住。"唐家三少的身体也在往他不可控的方向发展。他的脖子扭动角度不能超过10度,腰只能长时间保持僵硬状态,拍照的时候摄影师让他再弯一点,他笑着对摄影师说:"动不了了。"

他坦然接受这一切,并毫不忌讳地列出自己这些毛病:颈椎三、四、五节骨质增生,颈椎韧带钙化,脊柱侧弯、生理曲度消失、强直,腰肌劳损。

这是12年来每天坚持写作带来的某一层面后果,他的网络小说每天更新8000—10000字,从未间断,有一年他敲坏了5个键盘。唐家三少尽量忍受并习惯这种痛苦,以确保自己的日常在自己可控之内,他没去看医生,"哪有时间看"。他几乎是出于强迫症把自己的时间填满。在接受《人物》记者采访的当天下午,他还约了七拨人和他见面进行商业会谈,他不能忍受时间被空闲下来。即便忙到这样的程度,他也不认为自己需要经纪人,"很多事情经纪人可能要3个小时才能做完，我半个小时就搞定了"。

唐家三少的好朋友南派三叔曾经在博客里写道："我大体也不可能同时享受作为作家和商人的感觉，之间身份转换的纠结所换来的思维的一片空白总是让人无奈。"唐家三少则丝毫没有这样的感觉，他喜欢极快地处理事情，不留下丝毫间隙让自己去思考这一类问题，以避免思想超出原本的轨迹。

但现在，生活脱轨了。在网络作家富豪榜的颁奖典礼上，他作了一段公开演讲，他讲到自己曾想过，妻子人生的一半都给了自己，他想写一本书把这段美好的感情记录下来，可是新书刚写了两万多字，妻子就查出了癌症。

"我在那段时间，平均每天体重掉一斤，因为我们在一起这么多年，感情特别深厚。"唐家三少站在舞台上说，"那段时间对我来说，可能真的，我觉得都是黑暗的，我当时发了一条微博，我当时说，微博说，我说我可能不能再给大家继续写书了，我写了12年小说，每天更新大概平均七八千字，12年一天都没有断过。"

在他的整个写作生涯里，一直有人在为"唐家三少何时断更"打赌。对于唐家三少而言，失控带来的另一个严重后果是，他一度以为自己不能继续写作了。

机器般精准

他确实停止写作了那么一段时间，两个星期。有一天陪妻子去完医院回到家，再次坐到电脑前，他发现只有当他开始敲打键盘，构建起熟悉的玄幻世界时，他才能稍微忘却现实的痛苦。在那一刻他才发现，他似乎很热爱写作，"在此之前，我没觉得自己热爱""我曾经一直认为我的成功是因为我的坚持，我觉得我比一般的作家能够坚持，能够写这么久，所以我成功了"。

唐家三少曾经的目标是倪匡——一生写了5000万字，但其实他离这个目标已经很近了，在4000个连续不断更的日夜里，唐家三少也已经创作了4000多万字。他最初的梦想是把自己的书摆满身后两面墙的书柜，这个梦想早就实现了，书柜往外的第二层也已经摆了大半。他的一个出版商曾经在接受媒体采访时感叹，他的写作习惯有一种机器般的精准。

他严格地规划并执行一套自己的日程表，首要原则是，一天中最好的时间要留给写作。同样是采访当天的上午9点半到12点，唐家三少每天固定的写作时间，他从不在上午做其他事，拉上书房的窗帘——光线都有可能会影响他，戴上隔音耳机，雷打不动地完成了更新，"每30分钟休息10分钟，就像上4节课一样，中间休息3次"。写作之余，他只玩花钱不花时间的玩意儿，例如古玩、红木、手表或酒。

他的好友江南在写《龙族》时，曾写废了6个开头，每个开头3万到5万字，唐家三少不允许这样的情况在自己身上出现，他很少删改自己已经写下的东西。相比起动不动就玩失踪以拖延交稿日期的南派三叔，唐家三少则永远交得比编辑预期还要快。陆琪则说，每次作家们一起出去玩，高铁上，大家都在聊天，唐家三少却拿出电脑开始写作。

唐家三少曾这样描述自己对写作的执念：

我是2006年9月15日与妻子领的结婚证，领完后，吃个饭，回家。那时写的是《冰火魔厨》。

2007年5月19日，我们举行了婚礼，婚礼当晚，送走了客人，洞房花烛之前，我写了当天的更新，那时写的是《生肖守护神》。

我的女儿出生于2009年4月10日，那时候天气不冷不热，温度适宜。妻子在病房中待产，我坐在她身边不远处，一张破旧的写字台上，写着《斗罗大陆》。

我的儿子出生于2012年的6月，那时候天气十分炎热，酷暑正浓。妻子在病房中待产，房间里不能开空调，我坐在她身边，还是那个破旧的写字台，流着汗，写着《神印王座》。

30岁生日那天，我病了，高烧四十度零五，一个人躺在阁楼上，周围没有别人，那时候，我哭了，我感到寂寞、孤独，甚至觉得自己仿佛随时都要离开这个世界，四十度的高温令我出现了幻觉。

但八个小时后，退烧，那时已经是晚上二十二点，喝杯水，倚靠在被子上，笔记本电脑隔着被子放在大腿上，写着《天珠变》。

同样身为玄幻作家，也是唐家三少朋友的小舞对《人物》记者说："稳定的婚姻生活，让三少后顾无忧。"

有时候他在写作，岳父会把刚买来的冬枣，洗干净去了核给他送去；妻子作为他的小说《绝世唐门》的读者，也会略带撒娇地跟他说："下午不写完一万字，不许吃饭"；甚至是一岁多的女儿，也会在吃完早饭后把他拉进书房，指着他的椅子说："爸爸工作，爸爸工作"；孩子生病了，妻子为了不影响他写作，把孩子带回娘家。唐家三少也会叹气说："我的全部精力都在写作上，对这个家付出得确实少。"

每个写作者都饱受写作之苦,唐家三少是个异类。他告诉记者十几年来只有过一两次灵感枯竭,对此他的解答是天赋异禀。

很多人问唐家三少,怎样写书才能写得又快又好。他说其实这并不难,创作的时候,首先要将自己带入进去,完全融入到那个世界和那个情节之中。"我一直认为,想成为一名优秀的小说创作者,那么,年轻的时候绝对少不了YY。"唐家三少说。

YY其实是一种天马行空的想象力,在此之外还包括一种满足感,"在想象力的基础上给人带来现实生活中无法实现的满足感,通俗一点的叫法是'爽文'。"网文写手阿珂对《人物》记者说,"网文写手原本的身份并不重要,重要的是你有没有这份YY的心思。"

这一天,在写到男主角"因受到了伤害对自己的实力产生怀疑并对邪恶的一方更加仇恨"时,唐家三少又一次热泪盈眶了。

在网络文学这个行当,很多人就是听说唐家三少又买了两块表,每块几百万,便下定决心要全职写作的。但在这一行很难谈起什么是公平,有的人也每天都写,但花五个小时以上也拿不到一百块。

在与唐家三少签约十多年的起点中文网上,起点网的一位匿名作者说,"作者的签约率是三百四十分之一,上架率是千分之二。也就是说,一千本书有两本能拿到钱,千分之九百九十八零收入,余下千分之二里面,百分之五十年收入在一千以下,百分之三十在一千到三千之间,百分之十五在三千到一万之间,百分之五在一万以上,大神包括其中,约百分之一"。

能像唐家三少那样买表,比中彩票还难。

树皮

最初开始写网络小说时，唐家三少的正职是央视国际网站的员工，那时他的生活几乎就是他的小说脚本。他提到过妻子两次改变他的人生：一次是他早上从宿醉中醒来，"经过厨房，看到妻子正在默默吃着前一天晚上的剩饭"。另一次是妻子为他流产，两件事给了他巨大震撼。他决心继续执笔向妻子表达爱意。他用自己和妻子名字写的第一本小说《光之子》便诞生于此，也带他走进了网络文学的大门。

唐家三少把这本书发布在网上，没想到一炮而红了。作为数据控的他眼看着点击飞速增长，甚至长期名列榜单第一名。"自己觉得其实写得没多好，但是有好多读者就说你好，然后他们也很喜欢，这个时候你就会觉得特别有成就感，特别有动力，你就会一直往下写，然后就一直写，一直写。"那一年他写了400万字，在网络上带起了"日更"的风气，在现实中还清了房贷，买了新车。

心理学有个概念叫作"固置"。大意是说，当一个人遭受了某种创伤，他的一部分人格会永远停留在那个人生阶段，无法顺利成熟，无法向前走。

如今勤奋成为一种策略，"我在每天固定的两个时间更新，早上7点，晚上17点，就很简单，你是我的读者，我每天养成习惯，就跟你早上起来要吃早饭，晚上吃晚饭似的。"唐家三少说。

起点中文网前副主编廖俊华在其任职期间看着唐家三少一步一

步成为"大神","他把先发优势始终保持得很好,他在领跑,领跑了之后呢,他又没有懈怠过,一直很努力,永远跑在第一名。很多时候比如说我就蹲一会儿,我就歇口气,我就喝杯水,你每天就歇一次的话,累积10年后就落很远了。三少是他没停,没歇,没喝一口水,他一直在那里跑着,所以他把别人都远远地落在身后了。"

作为副主编期间,廖俊华胸前长期挂着一个解码器吊坠,输入动态密码,登录"综合指数"分析系统,他就能在电脑上看到满屏起伏的曲线,一串串蠕动的数字,代表的是起点网日入库几万部的小说尾号。与他同时进行操作的,还有起点办公室200多位编辑的电脑屏幕,如果看到某条曲线直往下掉,廖俊华就知道:"一定有人把女主角写死了。"

在廖俊华任职期间,几乎就是起点中文网最黄金的时间,他签约挖掘了唐家三少、天蚕土豆、我吃西红柿、忘语、月关、鱼人二代等作者,是业界挖掘大神数量与质量的纪录保持者。

就像他眼前的几百块屏幕一样,曲线依赖起点计算机后台的程序,廖俊华将这种造神称为"程序造神"。"这些大神的成功,是他们天赋才情的成功,是大势所趋之下时势造英雄,是起点各种互动设计中脱颖而出的成功",而这样的时代很难再出现了。

2009年,廖俊华去帮广东移动做一个关于移动付费阅读的项目。最初,他以为苹果手机的用户一定是付费阅读的主力军,因为他们不缺钱。但移动方面的数据却告诉他,恰好越是诺基亚手机用户的付费率越高,苹果用户反而最低。

广东移动将此类网文付费用户归纳为"三低三保",意指:低年龄、低收入、低学历和保姆、保安、保洁。

唐家三少对此也有体会，他有时走在街上会被认出来，大多数时候是保安或者服务员。他并不为自己提供的是"廉价的精神享受"而感到丝毫自卑，"在70年前，毛主席在延安的一个座谈会上讲话的时候，说的一句话叫，要创作出广大工农兵喜闻乐见的作品"。他对此有切身的感受，曾经失业很穷的时候，他最喜欢的就是买一本很厚的盗版书在家里翻。

在获取更大利益的同时，也意味着他将失去原来的部分读者，每一个放弃唐家三少的读者在说起原因的时候，无非都是："我长大了。"现在，他的读者年龄最小的已经到8岁。唐家三少对此坦然接受，一方面他接受读者的放弃，另一方面也是他主动在放弃这一部分读者。

在《光之子》中，唐家三少把自己写成一个人类世界的懒惰少年，因性格原因选学了无人问津的光系魔法，而后通过努力成为一名强大的魔法师。妻子则是一位潜伏在人类世界的魔族公主，全书感情线几乎就是唐家三少追求妻子时的翻版，他也在其中多次表达愿意为妻子付出一切的心声。最终少年拯救了世界，让整片大陆不再有种族之分。

这个唐家三少感情自然流露写出来的故事，在廖俊华眼里实则恰恰满足了一代读者的心理需求：一个懒惰的少年，误入某个领域，通过努力，成为一代英雄并抱得美人归，这其间必然也要经历牺牲和挫折。包含了七宗罪里的：傲慢、懒惰、愤怒、色欲。

廖俊华始终认为，"网络文学是具有中国特色的畸形文化现象"，根本原因是2000年之后线下管制导致文化产品无法满足80后一代年轻人的文化需求，然而审查还未触及到线上，"你想看的电视剧没有，就看网文吧；你想看那个漫画没有，看网文吧；你想看体育比赛没有，看网文吧。网文就是一切文化产品的脚本替代物"，廖俊华对《人物》记者说，"因为内容饥渴……正常情况下弄不到吃的了，那去刨树皮草根呗。"

唐家三少作为作家富豪榜单上的冠军，长期都要面对外界对网络小说质量的质询，"我们说得再直白一点就是，通俗小说是最廉价的精神文明享受，对吧，我要做的就是这个事儿，你只要看我书的时候你感到开心、愉悦，你喜欢，就OK了。"唐家三少对《人物》记者说。

他也不用通过看别人的书来形成自己的文学养料。"我也觉得写玄幻好像没什么人比我写得好。"他曾经提起，"就拿《魔戒》来说，你去看看我的作品，故事设定比他们要细致。"

马莉是唐家三少的读者，同时也是《魔戒》的粉丝，她对唐家三少的这句话颇为不忿，"《魔戒》里面的主角从头到尾其实力量没有太多变化，但是心在成长，但唐家三少的主角到最后都是力量变强，依靠力量很简单，拳头大了呗。"

无力感

在唐家三少的人物设定里，作为一个亿万富翁级别的作家并不是他"屌丝逆袭"故事的结局。他开了自己的公司，公司员工都是他的粉丝，写应聘简历的时候干脆就写了一封信给唐家三少讲述后者对自己的深刻影响。

几个影视项目正在跟进，好莱坞要把他的小说《斗罗大陆》拍成电影。在商业方面他也有极强的自律力，不允许自己走出边界："每一个合作方都是我的大哥，我帮他们赚多多的钱，每人分我一小部分。我有很多这样的大哥，我出了问题，他们就会帮我。"针对此，他还专门提出失败案例："当你是一个资源，所有人都和你合作。当你变成一个竞争者，所有人都打压你。南派三叔就是做了这么件傻事。"他的终极梦想是把自己的玄幻世界建成一个像迪士尼那样的主题公园。

唐家三少尽力想要创造稳定的节奏——稳定这个词在他的回答中屡屡出现。他几乎是网络文学中发展最顺畅且全面的赢家，他认为自己其实是在行业发展过程中几乎踩准了每个点，"其实是一直在写，你点出现在哪儿我都能踩得上，一直在一个地方稳定地写，你点出现在什么地方，我已经是里边写得最好的了，你出现什么点，我在这个点上都会有收获"。

去年，唐家三少的奶奶生病，脑血栓、脑梗，失去记忆。他很害怕自己某一天也会像奶奶一样失去记忆，就决定把自己的人生记录下来，两条主线，一条写爱情，一条写写作，这是他第一次写言情。

出版这本书的博集天卷图书公司副总监马占国说从来没有一本书让他这么感动。他们上一本超高销量的言情来自张嘉佳，但张嘉佳书里是你来我往的各色爱情故事，不如唐家三少作为一个成功人士对爱情始终如一的真实故事激动人心，马占国称之为"爱情正能量"。

唐家三少本来给新书取名为《为了你我愿意放弃整个世界》，但在妻子患病之际，他把书改名为《为了你我愿意热爱整个世界》，他确实也有一种无力感，本来世界是在他手中的，但好像突然就没有了。

"我以前一直觉得人挺坚强的……现在可能感觉说会更简单，觉得人其实是一个特别简单的东西，其实和动物并没有很大区别，其实蛮容易受到各方面的这种伤害。"

他知道，生活必将与自己曾经的精准规划产生偏差。"肯定会更辛苦了"，从前因为颈椎腰椎不好，外出时都是妻子负责提东西，由于经历了这场病痛，她的右手再也不能负重超过5公斤。唐家三少也意识到了这种依赖：失去了一个臂膀的支撑，如同一场在失控和控制转换之间微妙的蝴蝶效应。

李 健

//

大时代与
小确幸

在这个浮躁的时代,李健通过《我是歌手》
重新诠释了歌声之美、音乐之美。
他始终坚持创作自己认可的音乐,
以深厚的人文素养臻于完美地达到了"人歌合一"的境界。

拍摄现场

几套衣服换过,李健的表情始终如一,满脸淡定从容,眉头微微蹙着。摄影师请他做一个指挥乐团的动作,他低头看了看自己交错的手臂,忽然说了一句:"这跟打太极拳似的。"周围的工作人员笑作一团,李健依旧是平静又无辜的样子,仿佛不知道刚才发生了什么。

生活依然需要诗意的干净

这是2015年初的一天,李健先生刚刚录完最新一期《我是歌手3》,当时已是深夜。他跟经纪团队和乐手一行人刚走出湖南广电的大门,就被一大群歌迷给围住了。所有人都猝不及防。身高一米八、体重超过90公斤的男助理护着李健往车上走,好几十号人哗啦啦冲过来,这个壮汉被硬生生挤了出去,跌坐在旁边的一个垃圾桶里。

"原来李健走到哪儿吧,他都没达到过这种说歌迷像疯了一样的状况。"跟李健合作近10年的音乐制作人刘卓对《人物》记者说,就在那天,周围的人无比清晰地意识到,李健这回是真的"火了"。

从某种程度上来说,《我是歌手》已经成为试探和引导中国城市观众音乐趣味的风向标。在前两季中,这档由出道歌手参加的歌唱真人秀将许多原本名不见经传,或是已经退出一线的歌手推上了新的事业高点。第一季比赛,20世纪90年代出道的黄绮珊和林志炫重回娱乐圈的中心;第二季比赛,此前影响力仅限在香港地区的新生代女歌手邓紫棋狂飙突进,节目结束后,她在新浪微博的粉丝数量从150万迅速上涨到1000万。有评论总结了这几位歌手的共同特点:嗓音高且亮,音域辽阔,擅长演绎以高音为主的"大歌",都是典型的"舞台型"演唱者。

作为歌手的李健并不符合这些标准,至今为止,他也不认为自己的音乐适合这档节目。"我从来就不是一个大众歌手。包括《传奇》那个时候,《传奇》也敌不过凤凰传奇,这很正常的。你想凤凰传奇是非常直接的,唱得非常符合我们传统意义上的那种声音嘹亮的审美,是可以放声歌唱的。"李健告诉《人物》记者,而他的音乐是安静的,稳定的,旋律和歌词都不算朗朗上口,演唱需要极强的控制力,难以让听众产生参与感。第一季《我是歌手》筹备期间,总导演洪涛曾邀请李健加入,他拒绝了,转而推荐了老朋友黄绮珊。身在娱乐圈15年,李健了解中国受众的口味,也清楚游戏规则。

但是在2015年《我是歌手3》的舞台上,李健受追捧程度出乎大多数人的意料。

"没想到,所有人都没想到。"李健的朋友、他最新专辑的制作人赵兆记得节目开始前曾接到李健经纪人的电话,请他帮忙劝劝李健接受邀请。赵兆当时的态度有点模棱两可,"我觉得如果他去,肯定对他有一定的好处,但是如果很快地被刷下来,也不是什么好事。"《我是歌手3》第四场,李健以补位歌手的身份亮相,赵兆开始正儿八经地看这个节目,接下来的比赛中,他眼睁睁地看着李健一期期成为该季人气最高的歌手。媒体一改根据上两季同类型歌手的表现所做出的悲观推断，将李健称作"火锅当中的一碟清粥小菜"，评价他"一下子就抓住了观众的胃口"。

热度没有随着节目的结束而消退，人们对李健的关注超出了音乐本身：英俊的外貌，清华理工科出身，知识分子式的冷幽默，强调品质的生活态度……李健曾在《人民日报》上公开了一部分自己的书单，很快，歌迷们就把其中好几本买断了货。有评论将李健的走红看作2015年的一个文化现象，认为这背后意味着知性消费群体在中国的壮大。

《三联生活周刊》的前任主编朱伟将喜欢李健的人概括为"文青""小资""受过良好教育且感情细腻的群体"。起初，朱伟因为对古典音乐的喜爱与李健成为好友，然后，他发现自己的几乎所有同事都非常喜欢李健的音乐，"喜欢李健，可能是因为他超越了流行歌手这个符号，可能是因为他把古典音乐中的抒情氛围移植进了流行音乐"。在接受《人物》采访后，朱伟有感而发在微博上写了一篇《为什么那么多人喜欢李健》的小文章，他将李健安静的抒情气质比作舒伯特的歌曲，"舒伯特的歌曲就是清纯而没被世俗玷污的，而当今时代，不脏就不易，更不用说干净了，所以干净才最可贵。"这几年，朱伟明显感到一个群体在不断壮大，"这个群体开始来追求饱满的、多元化的生活……我觉得这可能是中国挺大的一个进步吧。因为原来中国的……用马尔·库塞的话说就是'单向度的人'，机器化地生产出来的人太多了"。

但对于爆红的状况，李健显得非常冷静，这位电子工程系的毕业生如同拆解一部机器般对自己走红的原因条分缕析："这次我的成功也不仅仅是音乐的成功，它是综合的一个受欢迎，包括所有你的形象、你的背景、你说话的方式。这证明了人们接受歌手不仅仅是从歌声，他可能还会从一个综合指数来接受一个歌手。这是一个审美的进步，人们接受音乐的标准不是单一的了，不是体育化的。"

当听说连小学生都在听自己的歌时，他流露出一种近乎可爱的困惑，"我不觉得他们能听懂我。老师们可能觉得我是个榜样。"他顿了下，抬起手挠了挠头。

时代列车驶过，他留在原地

李健40岁了，四十不惑，他却觉得人生要面对的困惑越来越多。但很多事情想不清楚，他就不再去想了。"我唯一想明白的一件事情就是这个世界是你想不明白的……其实没必要得出什么结论，只是探讨、描述就可以了。人们总是习惯性去找到一个答案。"他说自己的性格是"永远不会争第一名，第二、第三比较好"。

开始接触音乐的时候，李健上高中，那正是港台流行歌曲大规模进军内地的时期。那些歌曲歌词简单，旋律有记忆感，"比较像文学的童话一样，《故事大王》什么的"，正是那个时期给了刚刚从混乱中走出来的70一代最初的音乐启蒙。李健也是其中之一，他听卡带，弹吉他，唱谭咏麟和齐秦几乎可以乱真，是同学之间备受瞩目的文艺明星。他的天赋和才华毋庸置疑，中学同学李峻青至今记得，某次考试，李健第一个交了卷，"然后他推开门，门被推开的时候，他人走了出去，但他的歌声响了起来，当时他唱的是《我的中国心》。随着门渐渐地关上，他渐行渐远，声音也从强变弱，但是出奇地好听。我印象特别深"。

清华毕业两年，李健在师兄卢庚戌的劝说下离开广电总局工程师的岗位，成立组合"水木年华"，签了经纪公司。两人曾在清华的大草坪上弹了5年吉他，出道之后，唱的也是校园民谣。卢庚戌记得一帮认识的制作人跟他们说，你们这个歌早过时了，1994年老狼高晓松他们玩剩下的，你们还玩这个？"我们一听算了，没希望就没希望吧。"当时的羽·泉是全中国最受欢迎的演唱组合，舞台表现力强、能够带动热烈气氛。唱片公司的经纪人把李健和卢庚戌拉来苦口婆心地教育，你们得酷一点，炫一点。这么小一个舞台，就得唱着唱着突然从台上蹦下来。李健戳在那里不说话，卢庚戌干笑了一下，打圆场，"我弹跳力还可以"。后来，唱片公司老板认命一般跟他们说，你们这种歌手是"唱片型"歌手，别人听听你们的唱片就行了。

李健喜欢安安静静地唱歌。但是他越来越不开心，自己和卢庚戌在音乐上的追求已经出现了分歧，2002年，水木年华拿奖无数的时候，他决定离开。紧接着到来的2003年，随着彩铃的兴起，《一生有你》和水木年华的名字在朝夕之间红遍大街小巷。而此时的李健住在北京一座寒冷的四合院里，研究怎么在院子里弄一个小锅炉。他看很多的电影和书，在最冷的日子里写过一首特别难唱的歌，名字叫作《传奇》。

其后的六七年被李健自己称为"沉默期"。他保持着每两年一张专辑的发片速度，虽然没有太大的动静，却也温饱无虞。这期间，凤凰传奇火了，网络歌曲火了，他曾劝一个朋友不要唱《两只蝴蝶》，"效果一定不好"，结果《两只蝴蝶》也火了。有朋友看他还是不紧不慢的，劝他，你怎么就不能写一些朗朗上口的歌呢？他觉得自己做不来。直到2010年，王菲在春晚上唱红了《传奇》，很多人开始找李健写歌，他基本上也直接拒绝了。"因为我不是小柯、张亚东，我不太会量体裁衣。"11月北京的一个下午，窗外是浓重的霾，李健在开着空气净化器的工作室慢悠悠地说，"我的歌只适合我这样唱，如果它恰巧也适合你唱，那仅仅是个恰巧。我不太会根据别人嗓音什么的量身定做一首歌曲,那个我还没有学会。"

这也基本可以概括李健在歌坛的处事之道:时代列车驶过,而他留在原地,只有自己。你也可以理解为他在等待,等中国进入一个审美更多元、也更高级的时代。

如今,网络时代的到来,令年轻人不再需要依靠港台歌曲的传入被动地打开自己的耳朵,世界最优秀的音乐作品等待他们去搜索。审美判断的参照系是国际性的,这同时给音乐人带来了更大程度的公平:市场越来越追求独特的、与众不同的东西。

2013年,李健找到做古典音乐出身的赵兆,希望做一张偏古典风格的十年精选专辑。根据赵兆的了解,音乐圈还没有任何其他歌手敢这样挑战市场,他觉得兴奋,更觉得冒险。李健执意如此。这张专辑名叫《拾光》,其中《风吹麦浪》这首歌最终帮助赵兆拿下了当年台湾金曲奖的最佳编曲人。和李健正商量准备第二次合作时,《我是歌手3》开播了。

"现在都好了,市场会越来越好的。"赵兆对未来充满乐观,"所以,是一个机会好好地做唱片,是一个机会好好地做一些新的音乐、属于自己的音乐的时代,我觉得到了。再加上现在不是说什么iTunes、Apple Music、QQ音乐等都开始趋向收费这种版权管理更明确一些的方向,虽然还没有那么完善,但是也在逐渐地往潮流方面走。"

"李健算是这一波里面比较早抓住机会的人吗?"

"算早吗?这我不知道算不算早,反正,我们都是跟着时代走的产物,实际上该着了就该着了。"这位资深制作人坐在工作室的调音器面前笑了,他眨了眨眼睛,"你知道吧,踩到点儿了。"

永远走在自己的创作路上

2015年初,李健在泰国拍MV,第一次尝试了潜水。他被水下的世界打动了,"以前一直在游泳池里游,游泳池里什么也没有,除了人腿。在海里我突然看见那么多生物,迎面而来,那种感觉很奇妙。"这是李健2015年感到最高兴的一件事。

在身边的工作人员看来,李健给人最深的印象是一种"现世安稳"的美好。他们嘴里的"健哥"不常出门,人际关系不黏稠,极其规律地健身,喜欢窝在家里喝咖啡、弹琴、看书,容易因为很多细小的事情而愉悦起来。

《我是歌手》之后,李健的朋友、音乐制作人刘卓完全不担心变化会影响李健的创作状态,"只要能让他保持正常的生活习惯,能让他出去旅游,创作没有问题"。

2015年8月,李健推出了新专辑,很多歌曲都是他在旅途中写出来的:在意大利,他做梦穿越,写出《美若黎明》;在日日落雨的古城京都,他创作了《雨后初晴》;两年前去俄罗斯,当地人带他参观了许多教堂,他想到信仰和神灵,写下了《众妙》。

李健没有信仰。"信仰,信仰很多时候就是信一信、仰一仰。"他半开玩笑地说,"我不会自寻烦恼。想那些事情太劳神了,想一想看一看,我还是一个生活享乐主义者,享乐主义者的标准就是浅尝辄止,深陷其中一定是自讨苦吃。"在创作上,他也认为流行音乐能反映的不一定是特别宏大的东西,"音乐的魅力在于反映一些小的事件上,写那些细节。"

但是这并不表示李健没有在作品中描画社会图景的愿望。在他的理解里，这不是一种"野"，而是另一种与生活交相辉映的"日常"。"我觉得所有的创作者灵感来源都是一样的，就是所见所闻。"而生活的积累、自我的训练让他的所见所闻、他的困惑焦虑，暗合了时代的节拍：比如说战争，叙利亚，以前国家是非常有秩序的、生活很好的，怎么突然间越来越差了？人们一直说保护野生动物，但是当人没有吃的时候，像非洲，为什么又那么自然地杀野生动物？还有环境，北京的空气越来越差了，海洋的污染也越来越重……"时代是不需要你呼应的，你生活在时代中，你怎么写都摆脱不了这个时代的印记。"

曾有媒体在报道中把李健定义为"中产安慰者"。他不太认同，在他看来，这个说法太容易被解读成无视社会，只写一些云淡风轻的遁世之作，"我的音乐从来就不是那种什么山歌音乐的。我每首歌都跟社会息息相关，只不过它是非常隐秘、隐喻而已。"他举了一个例子，在2012年发行的专辑《依然》里有一首歌，歌名是《But I still love you》。几乎所有人都会认为这是一首情歌，但是他写的是个人与集体、个人与国家的关系。

他并不介意多数人无法解读自己的真正意思。歌者和听者也处在相互拣选的关系中，最理想的关系在他看来是"君子之交淡如水"。

对李健来说，这些年，潮水涌起又退去，他始终一动不动，追求自己认可的创作方式。只不过2015年，时代浪潮迎上他，他站上了潮头。《人物》记者问他，会不会希望自己的作品在美学层面上提高社会的审美？"刻意的，没有。"他迅速作答，"我不指望也不太幻想自己作品会改变什么大众、得需要一批人才行，一个人不太可能。而且我也害怕，不愿意扮演这样一个角色。"

李亚鹏

父亲的力量

有人劝李亚鹏,在完成"嫣然"最初的推动后,
在适当的条件下应该慢慢撤出公益领域。
他在当时的一次采访里回应:"从某种角度而言,
我一生也不可以退出这件事情。
因为嫣然是为我女儿所设立的,她终生都是我的女儿,
所以这种承诺不会像商业项目那样有所改变,
而是一件终生都要做的事情。"

"第一次彻底放下了"

李亚鹏是在朋友圈看到女儿那些视频的。视频合集里，李嫣自称李老师，身份介绍是时尚达人，她模仿母亲王菲、刘嘉玲、李小璐等明星自拍，给大家示范如何寻找最佳自拍角度；她还教大家化妆，一出场带着有点小俏皮的语气说："其实有时候我觉得自己真的是完美的，可能只是因为我比较会打扮。"说完娴熟地涂上粉底、腮红、眼线和口红，以教导式的语气跟网友调侃，"世界上只有懒女人，没有丑女人。"她像个小达人一样，应承着网友的各类需求，大大咧咧曝光了王菲的化妆间，调侃"菲姐的时尚只有我能跟得上"。

她有一张标准的V字脸，眼睛随妈妈，忽闪忽闪，水汪汪的，鼻唇间依然有淡淡的疤痕。她正直换牙时期，顶着一颗门牙，说起话来戏谑丛生，网友评价像没了牙的白云黑土，自带喜剧效果。这是她出生以来，第一次以360度全景呈现在网友面前。很快，她的视频被娱乐账号加工成合辑上了微博热搜，连续三四天杵在娱乐新闻头条。

李亚鹏看完，跟身边的朋友感慨："我女儿今天闹的这个事不小。"媒体紧追不舍问他作何感想，他拖着一贯四平八稳的语调回答："我可能感受会更丰富一点。"怎么能不丰富呢？在此之前，他拼力保护着女儿的私生活，从不让她出席任何媒体和商业活动，微博上发布的照片全是"大全景、远景、侧面照"。几年前,有媒体强行将摄像头放在女儿头顶,他忍无可忍,当场打了记者。

他像铜墙铁壁一样,给女儿筑起了一层安全网。李嫣刚出生时,唇腭裂程度严重。李亚鹏"护犊心切",拒绝任何外人接触她,在家里,司机、保姆都见不着孩子,身边有朋友要来探望,他总说妻子坐月子不方便。初为人父,他在博客里表达这份心情,"我的女儿出世了。我才知道这便是天降我之大任,我才知道三十五年的生活历练只是让我今天有资格去做一个父亲"。

跟大多数唇腭裂儿童的父母一样,他疯狂地搜集唇腭裂相关的资料,女儿满月后,和王菲带着李嫣出国接受治疗。那段时间,娱乐媒体头条多半跟李嫣有关。夫妻俩忧心忡忡,担心女儿在这样的舆论环境里没法好好成长,两人合计不行就留在美国生活,他们甚

至开始在洛杉矶看房子，为女儿和自己做新的人生规划。

他们越躲藏，越吊足了媒体和大众的好奇心。他们的朋友反复遭到媒体追问——王菲的女儿是唇腭裂吗？不明情形的导演张纪中、影星刘嘉玲公开为他们声援，大概意思是：孩子很好，我们前几天都去看过了。

一天晚上，王菲无奈地问他："这件事现在该怎么办呢？对媒体就算了，对那些好心的朋友该有个解释呀。"

他心情沉重，坐在电脑前，一晚没睡，敲下1527个字的回应，标题是《感谢》，第一次公开承认，女儿李嫣是唇腭裂患者。第二天早上，他牵着王菲的手，摁下了鼠标键——确认发送，"很慎重、很有仪式感的"。李亚鹏曾在一档访谈里回忆，发出后，他一身轻松，提议去逛街，王菲习惯性把李嫣头朝里放进李亚鹏背着的婴儿带里，李亚鹏挡了一下，直接把女儿的头冲外。那个瞬间，他称之为破釜沉舟，就想告诉世界："我女儿就是一个唇腭裂小孩。"他承认，那是他真正改变的开始，他学会了正视和接受。

在女儿完成前期手术后，他决定创建嫣然基金，发愿要救助一万名唇腭裂小孩。他在博客里向女儿承诺，"孩子，上帝给了你这个伤痕，我要让这个伤痕成为你的荣耀。"1月初的一个下午，李亚鹏坐在休息室向《人物》记者重新提及这句话，"怎么说呢，说的是挺有力量的，但是这句话背后也是有一点悲情和忧伤的。"

李亚鹏希望自己和家人的这份坦然也能够影响女儿，但内心深处，他对女儿永远上紧那根弦，小心翼翼保护着她的小世界，他封存了她手术前的照片，也从不让她接触外界——超出他控制范围的世界。

"突然有一天我发现人家比我们更坦然的时候，我就说好吧，算你行,你厉害。"那些美拍视频,李亚鹏来来回回看了十几遍,看到网友对李嫣的喜爱、接受和追捧,"第一次彻底地放下了,她这一亮相,我觉得我完全释然了,什么问题都不是,松了一口气。"

精神支点

很难将眼前的李亚鹏跟昔日偶像身份产生更多联想,采访当天,他穿着黑色毛衣、黑色裤子,调侃自己又胖了10多斤,眼角处有了细碎的眼角纹。拍摄前,他跟化妆师讨教,贴面膜的时候一定要平躺吗?他说自己现在不怎么保养了。如他所愿,现在他的身份标签是企业家和慈善家,手下有嫣然天使儿童基金、嫣然天使儿童医院、书院中国基金会、COART艺术嘉年华、培德书院等项目。跟《人物》记者见面前,他刚开完一个年终会。过去一年,几个项目进展顺利,他正琢磨着,下一年怎么多挣点钱,多补贴救助一些唇腭裂儿童,这被他看做真正具有意义的事情。

李亚鹏是情怀追求者,他需要在一件事情中看到强大的精神支柱才能说服自己坚持做下去。

"他在做事的时候,如果找不到精神支点,他是觉得无趣的。"书院中国基金会秘书长赵寂惠说。

20年前,李亚鹏凭借《京港爱情线》在影视圈崭露头角,紧接着出演《将爱情进行到底》的男一号,该剧被称为内地第一部青春偶像剧,一播出获得极高收视,李亚鹏从此红遍全国。之后几年,他的事业顺风顺水,前后以男主的身份出演了金庸武侠剧《笑傲江湖》和《射雕英雄传》，成为当时片酬最高的偶像新生。

公司对他寄予厚望，戏约不断，"每天都有人拿着剧本和钱找上门"，他却陷入困惑。2000年，在济南泉城广场，面对台下数万观众的欢呼，他觉得这一切都不真实。"很奇怪在那种时候居然让我有一种警醒，觉得这不是我想要的。我不知道为了眼前的这种获得，我将来要付出多少才能够达到一种平衡。"李亚鹏说，他开始纠结于明星这个职业，"就是它给予我很多，可是我自己内心，我不认为它是我可以付诸一生去追求的目标，所以逼着我必须要去用很大的勇气跟决心再继续去寻找，我要放下它，获得的同时它也成了你的包袱了，我还要学会放下它，再去寻找我新的人生方向。"

他跟经纪公司摊牌，坚持以后每年只接一部戏，大家都觉得他疯了。他说，身边的朋友甚至家人，都不能理解他，"所以也就没有什么要去解释很多东西。"此后10年，他保持一年一部戏的工作节奏。

那段时间，他反复想起1993年的一段往事。那会儿，他是中央戏剧学院大三的学生，在北京第一次接触到摇滚乐后，他被震撼了，一心想着把这种音乐带回家乡新疆。他向父亲借了800块钱，整个暑假，每天背着装有5个肉夹馍的书包，带着七八个学生，拿着报纸，敲开了几十家可能赞助的公司大门。他没有任何资源，唯一的社会资源是一张中央戏剧学院的学生证，"以证明我不是一个骗子"。

最终，他筹得了97000元赞助，并把唐朝、眼镜蛇、唱《安魂曲》的王勇请到乌鲁木齐做了两场演出，取得"一个空前的成功"。"非常不可思议，其实今天想想，我都觉得是非常困难的一个过程。"李亚鹏说，他特别想强调一下那个结局，"结局是我把所有赚的钱都捐了，也不能说捐，那个时候我还没有这个概念，分享了吧。最后我用赚到的三四万块钱，在北京印刷了铜版纸的海报和文化衫，我们就在乌鲁木齐的大街上全部散发掉了，在当时的乌鲁木齐你可以看到一个景象，就是所有的出租车都贴着我们那个海报，很多年轻人都穿着我们的文化衫。最后我就给自己留了买一张机票的钱，回北京上课了。"

那次演唱会，让乌鲁木齐这个城市第一次接触到了摇滚乐，这种分享让李亚鹏感到快乐、安心、踏实，前所未有。在演唱会结束后，他靠在一根电线杆上，心里欣喜，有欲望不断追求更高成就的他也产生了一种恐惧："这会不会是我这一生中做过最了不起的一件事情？"

此后十多年，李亚鹏一直在寻找这种让自己真正振奋的事情，一边按部就班演着戏，一边像八爪鱼一样，成立互联网公司、投资酒吧、创建电影公司。

"我觉得首先他是一个特别有理想的人，一个理想主义者，而且想做很多事，想成为一个有所作为的人，因为赚钱实际上，他在很早的时候就有钱，所以他其实不愁钱。"王学兵跟李亚鹏是老乡，也是多年的好友、同学，他记得，早期李亚鹏计划做嫣然的时候，他就劝过李亚鹏，跟他说在中国做公益难度大，不要一时为了李嫣去做这个事，李亚鹏说他心里有数。"那么一做现在也就十年了，作为一个私募的一个慈善基金，做得其实已经很好了。"

王学兵很早就觉察到李亚鹏能成事。在帮李亚鹏做完那次演唱会后，王学兵发觉李亚鹏非常适合做与艺术类相关的生意，"因为他跟艺术家也能打交道，跟商人也能打交道"。

那场演唱会前，王学兵负责从北京带乐队和音响设备回新疆，中途对方答应好提供的音响设备突然不给了。王学兵特生气，给对方写信质问为什么。"他知道我们什么都没带来之后，他是先自己待了差不多有半个小时。他说行，知道了，然后下午的时候，他找了金少刚商量怎么办，就是我们的音响师，金少刚说了几种可能性。"

李亚鹏很快找了一个琴行的朋友，一下午开车横穿乌鲁木齐。朋友也做乐器代理生意，熟悉当地琴行和酒吧的情况，一路上说哪家有能用的音箱，他们几个就冲进去拔线带走。"因为眼下怎么能够顺利地把这问题解决了，他就心里比较清楚，而且他比较会说服别人。"王学兵说，自己在跟别人推荐一个剧本时，如果对方一脸茫然、没有任何反应，情绪会瞬间跌到谷底，但李亚鹏不会，他会"换一个地方再去试"。

女儿给我一个更精彩的人生

李亚鹏能坚持，又善于变通。这种被王学兵看来"能成事"的品格，在李嫣出生之后经历的种种事情上，有了鲜明的体现。

李嫣刚出生时唇腭裂程度严重，身边很多朋友担心李亚鹏想不开。同学聚会上，李亚鹏跟大家分享了这个消息。"他不但自己能够挺过来，还能够去照顾到我们的感受，说嫣儿接下来会做些手术，他很平静，你能感觉到，他真的是已经准备好去面对这些事。"王学兵说，"因为这个事儿很大，就是孩子有那么急的事儿，我想要是放在我身上的话，我可能会，就是至少沮丧的，而且外面的压力又那么大。"

几年前，李亚鹏在一次深度访谈里坦言，自己在女儿刚出生时也陷入一种混乱的情绪里。他没想好怎么去面对，除了把女儿保护在一个无菌的环境里，他不知道自己还能做什么。女儿刚查出有唇腭裂时，从医院回家的路上，他问王菲："你怎么看呀？"王菲则说："你什么意思？你还不想要吗？"李亚鹏说好，那我知道了。

李亚鹏很快摆脱了这种混乱情绪，他决定让这件事具有公共价值，或者说更大的情怀，这符合他的人生取向。"嫣儿在美国所接受的矫正术在国内尚属空白"，李亚鹏曾在媒体前反复强调过这个初心，全中国每年有数十万唇腭裂新生儿，有些地处偏远山区，得不到医治，他想为这些和李嫣一样的孩子做点事。他联络了美国的医院及国内医疗机构，招呼朋友们一起捐助一个慈善基金——嫣然天使基金。

李嫣出生两个多月后，他开始将精力投入到嫣然天使基金的筹备中。刚开始，他要求自己每次坐飞机必须给所有同航班的旅客发一份传单。有一次，一个人当着他的面把传单扔到了地上，李亚鹏说了句对不起，低头把传单捡了起来，后来，嫣然基金收到了一张10万的汇款，上面写着对不起。另一次，朋友介绍他去上海筹款，说有个很有钱的富豪愿意给他资助。李亚鹏中午一接到电话，买了机票当天下午就去了上海。朋友为此准备了很丰盛的家宴，富豪进门的时候已经喝多了，他上来一巴掌拍在李亚鹏背上，指着他的鼻子说："李亚鹏，我告诉你，我一点都不喜欢你。"全场陷入尴尬，大家开始找各种话题喝酒。李亚鹏没说话，富豪每喝完一杯酒，他就给斟满。这个动作重复了三遍后，他的真诚和谦卑打动了富豪，富豪成了嫣然的重要捐赠人。李亚鹏说，现在他们是非常好的朋友。

"我的人生价值我觉得是当我选择了一个正确的方向以后，我会朝着这个方向不停地去努力，可能在这过程中，我的身心，甚至是灵魂会受到不断的磨炼，我觉得这个本身就是生命的意义所在。"李亚鹏说，在他确定嫣然天使基金是一件值得付出的事后，他不再介意外界对他做任何评判。他坚持每年都去西藏等偏远地区开展天使之旅，寻找符合救助条件的唇腭裂患者，尽管每次他都出现严重高反。

2012年，当他发现国内医疗没法满足唇腭裂治疗时，又开始张罗成立了嫣然天使医院。鲍爽当时在北京一家私立诊所任总经理，王菲在那家医院生下了李嫣。当她得知李亚鹏提议要建一所医院的时候，她觉得"他一定是疯了"。"因为建医院太麻烦了，人命关天，而且是一个儿童医院，事无巨细的琐碎，而且不赚钱，开始几年都不赚钱。"现任嫣然医院行政副院长的鲍爽告诉《人物》记者，在建立医院前，周围小区有老百姓反对，居委会和卫生局又要求建院必须得到周边居民的同意认可，他们只好上门一户一户向居民宣传自己的理念。更让鲍爽意外的是，李亚鹏一开始就问她医院拿下JCI（国际医疗卫生机构认证联合委员会，用于对美国以外的医疗机构进行认证的附属机构，认证有多大的困难。鲍爽觉得"这是我们一个遥不可及的梦"。然后，她眼看着李亚鹏把一个个需要的人才请来，并在2014年通过了认证。

2014年1月，周筱赟向民政部举报中国红十字基金会嫣然天使专项基金存在"7000万善款下落不明，涉嫌巨额利益输送"的问题。紧接着2月份白岩松在央视节目中点评："做好事儿也得先建底线，这个底线就是公开透明！"舆论哗然。嫣然天使基金执行副秘书长周芳记得，当时内部人士因舆论压力，30多个工作人员，走得剩了不到10个。

那段时间，李亚鹏刚离婚没多久，嫣然又受到舆论指责，他承受着很大压力，也有捐赠人劝李亚鹏，在完成嫣然最初的推动后，在适当的条件下应该慢慢撤出公益领域。他在当时的一次采访里回应:"从某种角度而言,我一生也不可以退出这件事情。因为嫣然是为我女儿所设立的,她终生都是我的女儿,所以这种承诺不会像商业项目那样有所改变,而是一件终生都要做的事情。"

正是因为感同身受,李亚鹏也感受到了这件事情的意义。成立10年多,靠着他的坚持和热情,嫣然天使基金和嫣然天使医院都逐步走上正轨,从刚开始一年100台手术,到现在每年可以进行700多台手术。

李亚鹏说,这本是他给女儿的一份礼物,在参与多年的捐助后,他发现自己感受到了生命中更多的"喜悦",这些体验让他更为完整,"在这个事情之前,我觉得我跟任何一个普通人一样,都是很关注自己的得与失,情感与事业,但这个事情,就让我把我的目光从自己身上转移到了去看这个世界,你看到这个世界更多的层面,我觉得精神的获得是更重要的,自己也是一个受益者,你才会去这么做。"

聊及女儿唇腭裂对于自己人生的影响,他承认自己有过短暂失落期,但很快,他开始"从另一个层面去认识这个事情","全都抛开了,跳出来看一看,我觉得我是很幸运的。真的。这种幸运只供少部分人理解,是站在自私的角度来讲的,就是我生活里所有的事情,包括我的女儿,其实是带给了我一个精彩的人生。我觉得是有点自私的,但我说的是真实感受。"

两代父亲

李亚鹏从小在装满烙铁、电路板的实验室长大,父亲是一位工程师。他经常跟着父亲帮邻居们修家电,全部免费,邻居们常常对父亲和他投来感激的目光。父亲常跟他说,一个男人最大的成功,就是成为一个受身边人尊重的人。这也是父亲一生的人生目标。

1999年,57岁的父亲突然去世,突发性心脏病。李亚鹏当时在拍一个贺岁喜剧,接到哥哥电话时,父亲已经离开。他在飞机上,戴着墨镜,一路哭着回到乌鲁木齐。

"到他追悼会那天,因为他后来是做了国企的领导,所以有一些什么样的传言,然后,所有的这些领导都没来参加,但他们前一天晚上去了我们家,跟我妈去道歉,说嫂子,说明天我们就不去了,都有点事,我们开会。反正各种理由,来了好几拨。"李亚鹏记得,母亲就说了句,没事,你们忙吧。结果追悼会上,仅仅跟父亲共事过的同事,大家自发来的就有400多人。人们对父亲的尊敬让李亚鹏非常感动,"所以我就觉得,我父亲真的是我的偶像,我觉得他的理想,他的人生理想,他最终那一刻他实现了"。

告别仪式上,他代表家属发言,"现在静静地躺在这儿的,就是我那高高大大的父亲……"说完这句,他倒了下去。李亚鹏说,那一年自己28岁,正处于人生观、价值观确立之时。读悼词的那个瞬间,他感觉与父亲共通了,选择了父亲的价值观,确立了余生的人生目标。

父亲对他没有任何成功的期待,他只希望儿子将来能考上哈工大,跟自己一样,成为一名优秀的工程师。受大时代影响,李亚鹏的父母都是从外地奔赴新疆的盲流。李亚鹏的爷爷和外公都是国民党,算是高级官员,因为这种家庭背景,父母都没法参加高考。"非常巧合的是他们都是14岁,我爸爸是从河南,我妈妈是从安徽,14岁,一个孩子,那时候他们都不算知青,我父母算是盲流,扒火车,搭货车,走路,到了新疆以后,就冒充知青,然后发一把枪,就去站岗了。我妈14岁，个子本身就不高，那会儿才一米三几，一米四几，说那枪一立，刺刀比她都高，冰天雪地就开始站岗了，14岁。"

母亲靠着自己的努力成为了护士长，后来又去进修，成了儿科大夫。父亲没有什么学历，一直是一个普通工程师的职称，凭借勤奋、踏实，最后掌管了所在的实验室，管理着百八十号人。"所以我觉得我父母身上就是，我不是说他们是什么贵族，我觉得他们身上有高贵的气质。"李亚鹏说，父母给他上的最好的一堂课是做好自己该做的，尽人事，听天命，守本分，不强求。

父亲去世后，李亚鹏保持每年回河南叶县扫墓的习惯，也尽可能带着李嫣回去。每次扫墓的时候，他都会想起父亲昔日带他扫墓时的情景。父亲是一个很幽默、很开朗的人，每次都催大家快走快走，但快到墓地时，父亲表情会突然凝重起来，不再和别人说话。"时不时地他会转过脸来看我一眼，那真是很难去形容啊，那一眼，一种期待。不仅仅是说将来你有一天你要应该这么做，可能你是代表了，你是我的孩子，你是下一代，我只能说是一种期待吧。"李亚鹏说，父亲那种神情让他记忆深刻，"我说如果没有当初的那一刻，可能也没有今天我会带着嫣儿去上坟的那一刻，我觉得这就是传承。"

李亚鹏说，父亲的言行给自己带来巨大影响，邻居们对他父亲的那种尊重和认可，也是他一直追寻的。他想起小时候，刚开始学着写毛笔字的时候，父亲在一旁给他写了两句话——"宠辱不惊""人不可有傲气，但不可无傲骨"，让他照着写。李亚鹏14岁第一次离开家去安徽上学的时候，父亲特意给他写了一个纸条，钢笔写的，还是这几个字。

"你受的什么教育，你很容易就会想到你给你的子女要有一个嫁接、转嫁过去。"李亚鹏感慨地说，窦靖童几年前去美国，他把这两句话发了条短信给她，窦靖童给他回了句——谢谢，爸。

他明白窦靖童还不懂，就像当年14岁的自己一样，但等上了年纪，遭遇一些不如意，这些话会慢慢产生力量。李亚鹏笑着说，这两句话现在是他的"能源棒、充电棒"。

在做嫣然以后，李亚鹏经常想起父亲的人生目标和这几句老念叨的道理，也开始慢慢思考自己生而为人的使命，"我觉得我的使命就是让这个世界变得更美好一些。"李亚鹏跟《人物》记者强调说，"别看这么一句好像特别简单的话，我都寻找了好多年。"

2016年，他带母亲、李嫣和窦靖童参加了西藏的嫣然天使之旅，最后的一天告别会，主持人在台上说嫣然天使基金就是因为李嫣小朋友才设立的，屋子里的七八十个藏民，过去给她们三个人献哈达，李亚鹏特意躲在一旁看着。

"她们脸上那个笑容，我觉得这一刻是很重要的，其实她们那么小，你说这个怎么去教她们做，她不懂的，没有意义，但是这一刻让她感受到，哦，如果你帮助了别人，你看到别人给你的那种回馈，我觉得这个是让她们，就像我小时候，我父亲为别人做了一些什么事情，我能看到，哇，大家对我父亲那种尊重，我觉得那一刻是永远会记在你的心里的。所以我说那一刻，我当时还是蛮欣慰的。"

三四年前开始，李亚鹏反复问过李嫣一个问题："每个人来到这个世界都是有使命的，你的使命是什么？"刚开始李嫣听不懂，问他："什么是使命？"李亚鹏说，使命就是你来到这个世界上，带着一个任务，是你一生当中要去完成的。李嫣说画画和设计。她反问李亚鹏，你的使命是什么。李亚鹏说，通过我的努力，能够让这个世界变得更美好一点。李嫣说，那我以前说的都不算，我再想想。李亚鹏很满足,至少女儿开始想这个问题了。

苦心和狠心

唇腭裂是一种先天性疾病,相关治疗需要延续到18岁。李嫣一出生,就得跟大大小小的检查和手术打交道。怕女儿多想,每次去医院,李亚鹏和家人都陪着,女儿躺一把牙科椅上接受治疗,他就躺在旁边另一把上做做常规检查,"就是想让她心理上放松一些,不想让她觉得她怎么老去看牙,其实我们大家都经常去看牙。"女儿更小的时候,他说这种陪伴是"一种折磨"。每次治疗,他躺在治疗椅上,环抱着她,怕她挣扎,一手摁着胳膊,一手摁着腿,每次"止不住眼泪就下来"。

女儿的唇腭裂程度严重,在经历这些大大小小的检查和手术后,他越来越清楚,无论怎样的手术都不可能完全抹去这样一个印迹。"她未来的人生道路中,她一定会遇到来自各个方面的诧异的惊奇的目光。她要如何面对这样的目光?面对这样的人生?"李亚鹏在一次演讲里提到,他必须教会女儿去面对人生。

他着重培养女儿的意志力和承受力。"我只希望她是一个能够不容易被失败打倒的人,我觉得这样的人是有价值的。"李亚鹏告诉《人物》记者,每年的1月1日,他都带李嫣去爬山,高度逐年上升。

李嫣1岁半时,大雪纷飞,他给她备了一块巧克力,带着她爬完了潭柘寺门口的那座山,前后走了两个多小时。5岁时,李嫣已经可以独自爬完灵山——北京郊区最大的一座山,上下山7个小时,来回14公里。周芳有时候看着有点心疼,就在一旁揶揄老公,等李亚鹏走远,背李嫣一会,一回头发现李亚鹏故意放慢步子走在李嫣后边,"对一个baby来说其实是挺难的,但是李先生觉得应该让她坚持,因为他觉得可能嫣儿在这样的一个家庭,她有唇腭裂,她比别的孩子更需要坚强"。

李亚鹏承认,每次目标的设定"基本上超出我们通常的心理承受的那个路程",他想"养成她自己一个人去独立完成这样一个习惯"。"其实是在拓展她的极限,每次让她突破一点点,每次她有自我突破的感觉,我认为她会逐步逐步地建立自己更大的自信。"他对女儿的期待里,自信比什么都重要。

他习惯引导女儿接受一些适时的挑战。冬天路过天安门的时候,女儿好奇地问他,守卫五星红旗的叔叔为什么要一直站那儿。他问女儿和她的朋友们要不要试试,李嫣说好。几个小孩一动不动站了20分钟,结束的时候各个鼻头通红。

之所以这么做,是因为在教育上,受到父亲的影响。他认可父亲的那套理念——早放手、早独立。14岁,李亚鹏转学去合肥。当时从乌鲁木齐到合肥需要在郑州站中转,走的时候,父亲送他去火车站,给他兜里塞了一张郑州站倒车的中转地图,转身跟母亲离开。他一个人,拿着几包行李,从郑州站下车,搬一件走两步,跑回去再搬一件,郑州车站人山人海,他在"人腿中间拿着行李钻",就这样吭哧吭哧挪了两小时。夏天又热,好几次他坐那儿喘气的时候,都猛回头,看看父亲有没有跟着,最后发现"真是找不着了"。他理解父亲的苦心,只是"不相信他这么狠心"。多年以后,在女儿身上,他似乎也延续了这份"狠心"。

李嫣如他预期的那样,慢慢展现出超越同龄人的坚强和承受力。几年前，有一次，李亚鹏陪她去看牙，需要打麻醉针，其他小孩进手术室哭着闹着，都得家长陪着，排号到了李嫣，她一个人跟着医生进了手术室，一进去啪关了门，一个人完成了手术。

周芳对李嫣这种忍耐力印象深刻。李嫣有次腿上有一个伤，需要换药，换前她向周芳借手机玩。"你知道上面有结痂，就粘在了胶布上被撕开，那个'哼'撕开那一瞬间，看着都超级那个什么。"周芳一旁看着都不行了，李嫣一直在低头玩手机，没任何反应，"她就会看手机，真的都不出声，她看牙也是，打针什么的，就是她会分散，其实她挺有智慧的。咱们虽然拿着个手机在那儿玩儿游戏，但是可能注意力还是在那个腿上，还是会讲哎呀呀，她真的在游戏上。"

李嫣很少哭，情绪不轻易示人，跟她爸一样，生活的烦恼都习惯自己消化。"他跟嫣儿和嫣儿她妈，我都很少见到有负能量的时候。"周芳说。

《人物》记者问李亚鹏，作为父亲，看到女儿这样的坚强会不会心疼？

李亚鹏停顿了一下，回答说："如果有承受的能力，就去多承受一点吧。因为人生没有什么东西是如果你不想承受就可以不承受的，这是没有选择的吧。"

自由生长

李嫣远比李亚鹏想象中自信开朗。她10周岁了，爱臭美，爱逛街，擅长钢琴和画画，喜欢热热闹闹的PARTY，对浪漫的巴黎情有独钟。她聪明机灵，走哪儿都是开心果的角色，说的话常常让大人不知所措。

"她妈有一次问她，说嫣儿，我怎么就那么幸运当了你妈呢？她说只因为在人群里多看了你一眼呗。然后王菲说我当了你妈，你是什么感觉啊，嫣儿说第一口蛋糕的滋味，说的全是她妈的那个歌。"周芳带着赞赏的语气夸她，"她是小朋友里面那种比较听得懂笑话的小朋友，她特别会逗，她特幽默，她也识逗。"

另一次，桌上刚摆上一碗鸭血粉丝汤，李嫣对着汤说——王菲怎么在这儿？李亚鹏听得一头雾水，李嫣解释说——那为什么这里面有这么多"粉丝"？"她有她自己的表达，挺独特的一种表达，有的时候小孩会大体上看上去都差不多，但是嫣儿我觉得，人群里一眼能看出来，她还挺愿意去表达自己的。"王学兵说，"她有自己很完整的那个小世界。"

李嫣是典型的双子座，性格特质有明显的双面性。"她的古怪精灵，我觉得有点像她妈，但她有时候又特别沉稳，又乖巧，我觉得这个可能像我多一点。"聊女儿时，李亚鹏的语态总是柔柔的，带着宠爱。周芳调侃李亚鹏就是十足的女儿控，每次开会，李亚鹏一收到李嫣的微信——爸比，你什么时候回来啊？李亚鹏就不行了，得快快把会开完，饭也不吃，赶紧奔回家。

他极大保护着女儿天生的性情，从不强行干涉，任何事情都是商量着来，秉承的理念是尊重、平等、不强加自我意愿，"我说过其实我并不希望她成为一个所谓多么成功的人，我对这个没有要求"。在教育理念上，李亚鹏和王菲保持高度一致，任其自由生长，没有任何功利心。

李嫣想学什么就给报什么,大提琴、钢琴、法语、画画、书法,"她说不喜欢,我一堂课都不让她多上,停,换。有的是课程。"李亚鹏强调,"父母能够给她创造更多的接触机会就行了。"他常带她去听演奏会、看画展,采访前一天,他带李嫣去听了著名钢琴家赵胤胤的演奏会。"当她看到一个钢琴的演奏者,可以在那么多人的环境里全神贯注去聆听,我觉得这就足够了,至于她喜欢哪个,你不用管她,也不是非要喜欢古典。"

窦靖童喜欢文身,从下巴中间到锁骨文了一条死亡线,为此常常被媒体贴上叛逆的星二代标签。她接受采访坚决否认,"我觉得我自己不需要这种叛逆,我父母也是很开明的人,我想要做什么所谓带着叛逆的感觉的事,我会提前跟他们说,他们也OK,比如文七,玻璃,身啊什么的,但他们就说只要你不后悔就行。放弃学业的时候他们说你想好了就行。"

李亚鹏跟窦靖童更像那种哥们式的关系,周芳说,两人平时说话总是"哎,我跟你说啊",语气像朋友间分享一个新事物一样。王学兵记得,有次父亲节,窦靖童给李亚鹏发了条短信,大概就是祝他父亲节快乐之类的。当时他们正在吃饭,李亚鹏一脸满足的样子,把信息呈给王学兵,说"你看",语气里暗含欣慰与骄傲。

李亚鹏算得上那种为女儿倾其所有的父亲,当然他也有那个资本。李嫣有段时间学法语。法语老师上了年纪,住的离李嫣家太远,不方便到家来授课。李嫣只能每天过去,每次来回路上花近3个小时。时间成本太贵,李嫣学了10多次就不去了,可又跟她妈一样,特别迷恋巴黎。李亚鹏看着费劲,网上也没其他解决办法,琢磨给弄一个在线学习软件,最后做了一款语言学习的App——对话世界,还为此特意开设了一个新公司。

他强调也不全是为女儿,但从嫣然基金、嫣然医院、培德书院到对话世界,他的事业版图扩张刚好跟女儿的成长需求吻合。当他意识到这点的时候,确认性地点点头,"还真是,确实有很大影响"。

有了李嫣以后,李亚鹏开始痴迷教育。他特意为李嫣找了一位家庭教师,对方主要研究中国的儒家教育以及清朝的皇室教育。按照老师的安排,李嫣从1岁到7岁,每年的24节气,他们一家人带着李嫣去十三陵水库,测量水温和空气湿度。有时候带着帐篷,晚上一家人在山顶观察星星,如果是惊蛰,他们会找一个苏醒的虫子,记录它的动态。他和王菲随身携带厚厚的《本草纲目》,随时随地帮李嫣辨别遇到的新植物。这样的观察延续了160多次,风雨无阻。王学兵记得,有段时间李亚鹏经常给大家分享这些教育课程,大家都听着很新鲜。

等李嫣上小学时,他又开始为学校头疼,国际学校开放却缺失传统中国文化的教育,公立学校在素质教育上又不够重视。为了把窦靖童转到北京四中,他曾在学校门外站了3个小时,最后以窦靖童无法适应结束。李亚鹏至今心有遗憾,比如窦靖童到现在只写英文歌。对李嫣现在上的国际学校,他也有诸多不满足,"比如他们的语文课本是用的新加坡的,那拼音跟咱都不一样,你说那玩意儿学完了怎么办呢?"他说,"内心有一个诉求,想给女儿,至少是我心目中觉得更完美一点的学校。"

2014年,李亚鹏成立了培德书院。王学兵去参观过,其中一些中国文化课程的设置令王学兵印象深刻,"我去的时候,有很多东西,就是书法、茶道、古琴那些,其实对我来说都是很陌生的,很多东西。他自己那个理念很明确,一方面是培养孩子,另外一方面我觉得也是在培养家长,他们提供了一个家长和孩子一起去完成一件事情的一个机会。"

幼儿园刚建好时,李嫣前去参观,李亚鹏依然清晰地记得女儿说的第一句话:"看完以后她说,爸爸,你为什么不早一点,说我们原来那个幼儿园太烂了,我想重新再上一次。"这让筹备了3年的李亚鹏感到"骄傲",当中他也考虑过租一个县城的校区,能在李嫣小学毕业前办好中学,后来因为种种原因不得不放弃。李亚鹏说:"我们中学如果建好了,我会把她第一个转学转过来的。"

"我觉得真心的朋友是他们当爸爸妈妈的一个窍诀。咱们的父母还是会把咱们当孩子,把他们当家长,就是在权威性上他们是高于咱们的,他们家只是用比你年纪长的朋友的方式告诉你一些经验。为什么他们家的孩子会那么自由,会那么好,是因为束缚少。"周芳带着些许遗憾的语气感叹,自己的父母当初如果宽容些,或许现在她会是一位优秀的外科医生。

给杂志拍摄时，李亚鹏躺在沙发上，拿出李嫣给他写的父亲节贺卡，一字一句地读起来，表情专注、温情。李嫣性格很酷，很少撒娇或者煽情，对父亲的关心也经常通过这样的贺卡或者纸条传达，留言后常附加一句——你看到了不要跟我说，看到就可以。她很少哭，哭也是躲在一个地方默默流泪。李亚鹏看着心疼，也不会上前问什么，"她既然不想你看到，你就不要去打扰她，我相信她没问题"。

他是一个非常懂得给孩子空间的父亲，擅长拿捏分寸。窦靖童十四五岁的时候，他会跟她聊聊窦唯："我说我认识你爸，很多年，我们不是很熟，但是我们在上大学就认识，我说你爸是一个非常棒的人，非常有天分，而且非常有自己个性的一个人。我说如果你觉得叫我爸会让你觉得不舒服的时候，我说你就不要叫，我说你也不用叫叔叔，也客气，我说你就不叫，你就叫'哎'。"

周芳把这种分寸感评价为高情商。10多年前，她在丽江做了一个舞台剧，找李亚鹏投资了四五百万，最后赔了，周芳躲在丽江大半年，谁也不见，开始吃抑郁药。中间李亚鹏也没说什么，等她到了北京，只字未提钱的事，问她要不要去逛街，要不要出来吃饭。"我特别感谢他，放任我在丽江躲起来，他就会觉得说你应该有点时间来消化。"

王学兵说他是一个让人舒服的朋友，他离婚的时候，李亚鹏调侃他——重获人，打扰，身自由了，"他绝对不会说什么对错，以后该怎么弄，他就开个玩笑，不会给你朋友间那种关心的压力，会让你很轻松，很体谅你"。

这点上，周芳觉得李嫣遗传了父母的高情商——绝不会让别人为难。李嫣四五岁的时候，有次突然问周芳："我是唇腭裂患者吗？"周芳赶忙岔开话题，李嫣也没接着问，"她不会逼着你，她发现你往旁边聊，她不会盯着你不放，她不会给自己特大压力，也不会给别人特别大压力,她特别会照顾别人。"

就喜欢你看不惯我又干不掉我的样子

李亚鹏是个非常勤奋且自律的爸爸,不管晚上加班到几点,只要在北京,都坚持6点多起床,陪李嫣一起吃饭,送她去学校。司机说,晚上八九点如果有点空闲,他就打电话给家里问女儿睡了没,没睡赶紧回去陪着玩一会儿,晚上再出来加班或者应酬。

工作再忙,他也会找时间陪女儿。他每年都会带她去旅游,为她举办有特色的生日会,带她回河南祖宅体验农村生活——组装家具、种地、上坟。他内心里还是典型北方男人的传统价值观,就像他在《杨澜访谈录》里说的,那时一大家子人住在一起,有母亲妻子侄女两个女儿,他觉得最幸福的时刻,就是妻女在餐桌上把吃不完的剩饭推给他,他像儿时父亲做的那样大口吃掉。

在孩子的成长环境里,他坚持父亲应该扮演权威的角色,否则将来孩子不会服从权威,也不会成为一个权威,而母亲要给孩子很多爱,这样孩子长大后才能有能力去好好爱别人。

即使在和王菲离婚后,对孩子,两人并未有任何角色改变。李嫣周一到周五跟李亚鹏和奶奶在一起,周末则多在王菲那里,也没有刻意安排,全凭孩子喜欢。到了李嫣生日,李亚鹏王菲也会一起亲力亲为。两个月前,嫣然10周年举办了一场跑步活动,周芳问王菲能来参加吗?王菲微信上回了一句:当然来了。周芳说特别冷,王菲说:没事儿,我来。

"我觉得他们处理得还挺好的，亚鹏跟王菲，虽然一纸离婚书已经有了，大家在一起的时候，我看他们那感觉还是挺好的，OK，还是OK的。最关键的是对孩子来讲，我觉得没有看出很尴尬的东西来，跟以前一样。"李亚鹏多年的好友胡军在电话里跟《人物》记者特别强调，"他们两个都是很成熟的人，没有让大人的事影响到孩子，真是这样。"

至于如何树立父亲角色的权威性，李亚鹏觉得"不需要一直挂在嘴上或者表现在形式上"，"可能在日常琐碎的一些事情上，就关键是你要找到那个点，你比如我母亲陪伴她比较多嘛，可能找到一个特别恰当的点的时候，我会在我母亲面前也非常坚持，但是有时候你那种小小的一个坚持，一定那个点是让孩子能够知道你是对的，不管你是对她还是找一个旁边的人，就是能够让她借鉴到"。

他也打过李嫣。那会儿李嫣三四岁，有次家人聚会，很晚了还闹腾着不去睡觉。李亚鹏一只胳膊肘一夹，把李嫣拎到了小黑屋，屁股上啪啪两下，"如果你发脾气了，你就是要让她记忆深刻，打不是最重要的，其实你的表情，你是可以非常愤怒"。周芳至今记忆深刻，李亚鹏提着嗓子、声音很大地"嗯"了一声，底气十足，她在外面听着先哭了。不过事后谁问李嫣，她都说不记得这事。"她不愿意承认。"李亚鹏说。

有时候，他也拿她没辙。考虑到李嫣牙齿的情况，他禁止女儿在家里吃甜食。李亚鹏记得，有次周芳去她家，李嫣说你把我抱起来，自己在冰箱上层拿了一块巧克力。周芳说你爸不让你在家吃巧克力。李嫣说——是啊，你把我抱出去。"她就是在外面爬山的时候可以吃，她说在外面就可以吃，把她抱到房间外面院子里吃完进来。她也有点狡猾，有她的那个小狡猾了。"

李亚鹏在父亲角色上的这种平等和权威，王学兵觉得源自李亚鹏的原生家庭，"他们家应该是一个很开放的家庭，他跟他哥，跟他爸的关系非常好，像是哥们儿，他爸也是非常直率的一个人"。

大学有段时间，李亚鹏和王学兵留长发，染头发，养成了一股子散漫气，看不惯的事特多，觉得谁都傻。回到家，李亚鹏父亲很严厉地说了他们一顿："就是哥们间的，他们那种感觉，沟通也是，不是父母对孩子的那种，而是你这样做有问题。你想如果他跟他哥在外面惹了事，他爸的态度就是说是不是你，如果不是你们做的，你也躲不开的话，那就不要躲。我爸可能会从另外一个角度，就是别惹事这个角度。大事上他家肯定也是他爸做主的吧。"

当然，想给李嫣"做主"也不容易。美拍视频出来后，他跟女儿强调，年龄还小，不适合面对社会，让她关闭了美拍账号，除了朋友圈，不允许她再使用其他社交媒体账号。过了几天，他发现自己在朋友圈被女儿屏蔽了。李亚鹏问她，为什么把我屏蔽了。李嫣用"很真诚、很淡定"的语气回他——我不知道。

"我说那你把我打开啊，过了一天也没打开，两天也没打开，又过了两三天，我说你怎么还没有把我打开，还把我屏蔽呢，她不说话了，大概把我屏蔽了有五六天吧。"李亚鹏拿出手机给《人物》记者看李嫣的朋友圈签名——就喜欢你看不惯我又干不掉我的样子。李亚鹏带着佯怒的那种口吻说——这是对我的挑衅！

在记者采访完李亚鹏一周后，李嫣自拍的一段小咖秀又上了微博热搜，有网友给李亚鹏举报，我还是装作没看见的样子吧——李亚鹏转发说。